ALPHABET SIGNOLÉGIQUE
FRANÇAIS ET LATIN

PREMIER LIVRE DE LECTURE

DANS CES DEUX LANGUES,
A l'usage des Écoles primaires, des classes élémentaires des Lycées et des Collèges, et des Écoles normales,

Par P. MARIE,
PRINCIPAL HONORAIRE, OFFICIER DE L'INSTRUCTION PUBLIQUE,

Avec la prononciation marquée d'après un système de signes, très-simple, qui lève toutes les difficultés de la prononciation de ces deux langues, ainsi que des langues étrangères,
système couronné deux fois, en 1876 et en 1877, par l'Académie des Sciences, Inscriptions et Belles-Lettres de Toulouse.

Prix : 1 Franc.

Paris, A LA LIBRAIRIE FRANÇAISE ET ÉTRANGÈRE D'A. GHIO, PALAIS-ROYAL, 1, 3, 5, 7, GALERIE D'ORLÉANS ;
Cahors, CHEZ M. CASTANET, LITHOGRAPHE, ET DANS LES PRINCIPALES LIBRAIRIES DE CETTE VILLE, AINSI QUE DE **La Rochelle.**

ALPHABET
SIGNOLÉGIQUE
FRANÇAIS ET LATIN

PREMIER LIVRE DE LECTURE
DANS CES DEUX LANGUES,

A l'usage des Écoles primaires, des classes élémentaires des Lycées et des Collèges, et des Écoles normales,

Par P. MARIE,

PRINCIPAL HONORAIRE, OFFICIER DE L'INSTRUCTION PUBLIQUE,

D'après sa Méthode signolégique,

COURONNÉE DEUX FOIS, EN 1876 ET EN 1877, PAR L'ACADÉMIE DES SCIENCES, INSCRIPTIONS ET BELLES-LETTRES DE TOULOUSE.

Alphabet, exercices syllabiques, morceaux suivis, en prose et en vers, avec l'application, à partir de la seconde partie, des signes qui constituent ce système ;

— indiquant en outre les pauses nécessaires, lorsque l'emploi des signes de ponctuation est impossible ;

— fixant, dans la langue latine, les cas les plus importants de la quantité des syllabes, de manière à faciliter la lecture régulière de cette langue, même pour les personnes qui n'en possèdent point l'intelligence.

CAHORS :

IMPRIMERIE J.-B. PIGNÈRES, RUE DU CHATEAU NATIONAL.

1878.

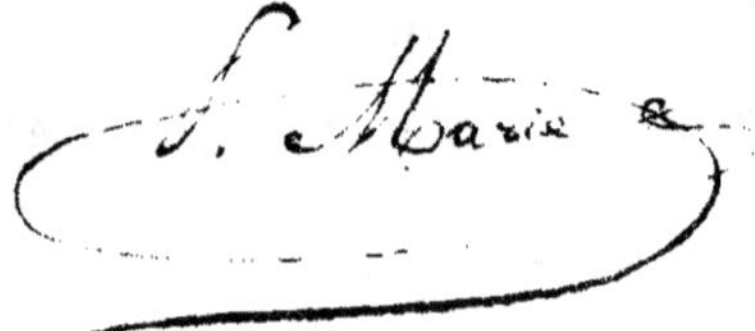

PRÉFACE

Nous ne saurions mieux commencer cette préface qu'en reproduisant les lignes suivantes, extraites du rapport de M. le Préfet du Lot au Conseil Général (1) dans sa session du mois de décembre 1877.

« Je n'ai point à faire l'éloge de cette nouvelle méthode,
« applicable aux six langues française, latine, anglaise, alle-
« mande, espagnole et italienne, puisque depuis le mois de
« mai de l'année dernière, elle a été couronnée deux fois par
« l'Académie des sciences, Inscriptions et Belles-Lettres de
« Toulouse. Le Directeur de l'Ecole normale de la Haute-
« Garonne, ainsi que plusieurs directeurs congréganistes
« et laïques des grandes écoles communales de Toulouse,
« ont constaté l'utilité de cette méthode et ont émis le
« vœu qu'elle soit vulgarisée au plus tôt dans des con-
« ditions aussi larges que possible. »

« En introduisant la Signolégie dans toutes les écoles de
« notre département, on peut compter qu'elle y amènera
« rapidement les élèves à parler plus purement notre langue

---

(1) Suivant le désir exprimé dans ce rapport, le Conseil Général, dans sa séance du 24 décembre, a honoré, par une souscription de 400 fr., cet ouvrage de M. Marie.

« nationale, en même temps qu'elle fournira aux instituteurs, « même étrangers à la langue latine, un moyen sûr de faciliter « l'étude de la prononciation de cette langue, à l'aide de « quelques signes extrêmement simples, qui déterminent à « la fois la nature et la précision des sons, ce que n'avait pu « faire jusqu'à ce jour aucun autre système de lecture et de « prononciation. »

Voici maintenant la copie textuelle d'une note extraite du *Bulletin officiel de l'Enseignement primaire dans le Lot,* adressé par l'Inspection académique aux instituteurs et aux institutrices, ainsi qu'aux délégués cantonnaux du département (n° des mois de mars et avril 1878).

«... M. Marie, principal honoraire, a fait dans l'école « communale de garçons de Cahors une série de conférences (1) « sur la Signolégie dont il est l'auteur. Ces conférences, « inaugurées sous la présidence de M. l'Inspecteur d'acadé- « mie, assisté de M. l'Inspecteur primaire, ont été couron- « nées de succès.

« Les travaux présentés par les élèves ont prouvé que « presque tous possédaient déjà l'intelligence et la pratique « de cet ingénieux système, dont la vulgarisation pourrait « rendre de précieux services à l'enseignement de notre « langue nationale. » (2)

Après cette appréciation générale et officielle du système signolégique, émanée d'Autorités éminemment compétentes, nous allons faire connaître, sommairement, les avantages qu'assure *l'Alphabet signolégique français et latin.*

Dans la première partie (exercices syllabiques, suivis de phrases faciles composées principalement des mots compris dans ces exercices), l'élève apprend à lire les mots français qui ne nécessitent point l'emploi des signes. Ces exercices sont d'ailleurs gradués de telle manière que passant toujours

(1) Six conférences, suivies par 80 élèves.

(2) MM. Rozy, professeur à l'école de droit de Toulouse ; Compayré, professeur de philosophie à la Faculté des Lettres, et Ch. Barry, professeur au Lycée, ont exprimé, dans leurs rapports à l'Académie des sciences, la même pensée pour l'enseignement des langues étrangères.

méthodiquement d'un principe connu à un principe inconnu, l'élève n'y rencontre jamais de grandes difficultés, et qu'il ne tarde pas à pouvoir lire une foule de phrases qui n'offrent aucun cas de désaccord entre l'orthographe et la prononciation.

Dans la seconde partie, qui offre des cas de ce désaccord fâcheux, par fois extrêmement embarrassant, et contre lequel on n'avait pu lutter jusqu'à présent qu'en dénaturant l'orthographe, les difficultés sont encore levées pour l'élève par l'application des signes dont se compose le système, et dont il acquiert promptement, sans aucune peine, la pratique, de manière à pouvoir passer immédiatement à la lecture de morceaux suivis, aidé par ces signes, mais de moins en moins, à mesure qu'il devient de plus en plus maître des règles de la prononciation.

Observons maintenant que pour ce qui est de la langue latine, dont la prononciation exacte, au point de vue de la quantité des syllabes, brèves ou longues, est tout à fait impossible à reconnaître pour les personnes qui ne possèdent pas très-bien cette langue, la Signolégie fournit par ses signes, communs à peu près généralement aux deux langues française et latine, un guide infaillible pour la prononciation latine comme pour la prononciation française ; guide infiniment utile dans les Ecoles primaires, où la lecture latine est réglementairement de rigueur, et non moins dans les Ecoles normales, dont tous les élèves, futurs instituteurs, se préparent aux épreuves du *brevet de capacité*, parmi lesquelles figure nécessairement la lecture d'un texte latin.

Ajoutons, en outre, que cette connaissance si facilement acquise du système signolégique, d'abord pour les signes communs à notre langue française, à la langue latine et aux langues vivantes étrangères, permet à l'élève, s'il le désire, de lire *instantanément* des milliers de mots de ces dernieres langues ;

— et qu'ensuite, dans le cas où il serait amené par son goût ou par des raisons d'utilité personnelle à étudier les langues étrangères, il lui suffirait d'apprendre quelques signes de plus pour prononcer totalement ces langues d'une manière d'abord passable, puis peu à peu tout à fait régulière.

Un tel résultat semblera sans doute, au premier abord, fort difficile et fort long à obtenir, peut-être même impossible. Eh bien ! qu'on essaie à l'aide de la Signolégie, et l'on sera bientôt et très-agréablement détrompé, en obtenant, en peu de temps, les résultats attendus de cette précieuse invention.

C'est l'opinion qui a été généralement émise par MM. les instituteurs des cantons de Cahors, de Luzech et de Puy-l'Evêque, à la suite de conférences spéciales faites dans chacune de ces villes par M. Marie, présidées par M. l'Inspecteur primaire de l'arrondissement de Cahors. L'un d'eux est même allé jusqu'à émettre la pensée que, vu la simplicité du système signolégique, il lui semblait possible, à l'aide d'une bonne grammaire, d'enseigner à ses élèves les éléments d'une langue étrangère qu'il ne connaît pas, en l'apprenant avec eux, et plus d'un de ses collègues partageait son avis.

Quant à la langue latine, ces messieurs ont été unanimes à exprimer à M. l'Inspecteur, ainsi qu'à M. Marie, la vive satisfaction que leur donne l'espoir de pouvoir désormais procurer à leurs élèves, grâce au système signolégique , une prononciation de cette langue aussi régulière que possible, pour des personnes qui ne l'ont point apprise et qui par conséquent en ignorent la prosodie : les essais déjà faits donnent lieu de croire que ces expériences ne tarderont pas à être justifiées d'une manière complète pour la prononciation latine aussi bien que pour la prononciation française.

Puisse ainsi la Signolégie, après avoir allégé, agréablement adouci la tâche des maîtres dans cette partie si importante, mais si difficile et parfois si ingrate de l'enseignement, contribuer, pour une bonne part, à leur assurer, par des progrès plus rapides et plus sûrs des élèves, la juste récompense de leurs dévoués et constants efforts !

PREMIÈRE PARTIE.

ALPHABET.

LETTRES . [a]	A	B	C	D	E	F	G	H
Nom ancien	a	bé	cé	dé	é	effe	gé	ache
Nom nouv.	a	be eu	ke	de	e eu	fe	gue	ache
LETTRES ...	I, Y [e]	J	K	L	M	N	O	P
Nom ancien	i	ji	ka	elle	emme	enne	o	pé
Nom nouv.	i	ji	ka	le	me	ne	o	pe
LETTRES ...	Q	R	S	T	U	V	X	Z
Nom ancien	qu	erre	esse	té	u	vé	ixe	zedde
Nom nouv.	qu	re	esse	te	u	ve	xe	ze

(a) Faire lire ces lettres d'après leur nom ancien et leur nom nouveau : dans le second, comme dans le premier cas, on a évité de donner le même nom à deux lettres différentes.

(e) La voyelle *Y* (i grec) figure dans cette colonne, à côté de la voyelle *I*, à cause de la parfaite parité de son de ces deux voyelles.

Syllabes composées d'une consonne simple suivie d'une voyelle simple et brève.

	A	I	É	È	E eu	O	U	Y
L	*la*[a]	li	lé	lè	*le*	lo	*lu*	ly
M	*ma*	*mi*[e]	mé	mè	*me*	mo	mu	my
N	na	*ni*	*né*	nè	*ne*	no	*nu*	ny
R	ra	*ri*	*ré*[e]	rè	*re*[i]	ro	ru	ry
B	ba	bi	*bé* [i]	bè	*be*[i]	bo	*bu*	by
D	da	di	*dé*	dè	*de*	do	*du*	dy
V	*va*	vi	*vé* [i]	vè	*ve*[i]	vo	*vu*	vy
P	pa	pi	*pé*[i]	pè	*pe*[i]	po	*pu*	py
T	*ta*	ti	*té*[i]	tè	*te*	to	*tu*	ty
F	*fa*	*fi*	fé	fè	*fe*[i]	fo	fu	fy

(a) Les syllabes imprimées en caractères italiques forment des mots.
(e) *mi*, *ré*, noms de deux notes de musique.
(i) *re, bé, be, vé, ve, pé, pe, té te*, noms de lettres.

N. B.— Cette double page (2 et 3) donne lieu à quatre exercices différents :

1° Faire bien prononcer les huit voyelles **A, I**, etc.; surtout faire bien sentir la différence entre l'é fermé et l'è ouvert ;

APPLICATIONS (*mots et phrases*).

Mi-mi, a-mi, Re-né, Ré-mi, No-é, nu-mé-ro, pa-pa, é-pi, é-té, pé-ri, pa-ri, le pa-ri, du pa-ri, la Di-vi-ni-té, de la té-mé-ri-té, à la ti-mi-di-té, a-ni-mé, ra-ni-mé, le ma-ri, ve-nu, re-pa-ru, dé-fi-ni, re-lu, ré-é-lu, bé-ni, du-o, ré-pa-ré, ra-vi, la vé-ri-té.

PHRASES (*syllabes séparées*).

1 Pa-pa a fu-mé — 2 Re-né a lu — 3 Re-né di-ra la vé-ri-té : la Di-vi-ni-té le bé-ni-ra — 4 L'a-mi de Re-né a é-té vu — 5 No-é a été re-vu — 6 No-é-mi a lu — 7 Re-né li-ra à mi-di — 8 Ré-mi a é-té re-ti-ré de là — 9 No-é a é-té i-mi-té — 10 Le ma-ri d'A-mé-li-na a é-té vu à midi — 11 L'a-mi de Ré-mi a re-vu Re-né.

MÊMES PHRASES (*syllabes non séparées*).

Papa a fumé. René a lu. Renó dira la vérité : la Divinité le bénira. L'ami de René a été vu. Noé a été revu. Noémi a lu. René lira à midi. Rémi a été retiré de là. Noé a été imité. Le mari d'Amélina a été vu à midi. L'ami de Rémi a revu René.

2° Les faire *épeler*, ces voyelles, avec les consonnes **L**, **M**, etc., *horizontalement*, puis *verticalement*. **Ex** : **Le, A–la; Le, I–li,** etc.; puis lire toutes ces syllabes sans épeler, par ordre horizontal, par ordre vertical, et, en troisième lieu, sans ordre régulier ;

3° *Mots* ; les faire lire avec épellation, puis sans épellation;

4° *Phrases* ; les faire lire avec épellation, puis sans épellation, par mots détachés, puis couramment.

N. B. — Cet ouvrage convient aussi pour une méthode de lecture *sans épellation*.

Syllabes composées d'une consonne simple suivie d'une voyelle simple et brève.

	A	I	É	È	E eu	O	U	Y
K	ka	ki	ké	kè	ke	ko	ku	ky
Q	qua[a] o	*qui*	qué	què	*que*	quo	qu'u	qu'y
C	ca	—	—	—	—	co	cu	—
Ç	ça[e]	—	—	—	—	ço	çu	—
C	—	*ci*	cé	cè	*ce*	—	—	*cy*
S	*sa*	*si*	sé	sè	*se*	so	*su*	sy
Z	za	zi	zé	zè	ze	zo	zu	zy
J	ja	*ji*	jé	jè	*je*	jo	ju	jy
G	—	gi	*gé*	gè	ge	—	—	gy
G	gea[i] o	—	—	—	—	geo	—	—
G	ga	—	—	—	—	go	gu	—
G	gua o	*gui*	*gué*	guè	gue	—	—	—

(a) L'*u* après *q* et *g*, dans ces exemples, ne se fait pas entendre, comme l'indique le zéro placé au-dessous, qui signifie *son nul* : *qua* et *gua* se prononcent comme *ka* et *ga*, cependant *qua* a parfois un autre son, que nous indiquerons plus tard.

(e) La *cédille* sous le *c*, devant *a*, *o*, *u*, donne au *c* le son sifflant de *s*, qu'il a devant *e*, *i*, *y* : *ça* se prononce comme *sa*.

(i) L'*e* après le *g*, devant *a*, *o*, donne au *g* le son doux du *j*, qu'il a également devant *i* : *gea* se prononce comme *ja*.

APPLICATIONS. — *Mots.*

Ké-pi, ki-lo, Mo-ka, qua-li-té, pi-qué, qui va là, quo-té, quo-ti-té, ca-fé, ca-na-pé, dé-co-lo-ré, cu-ré, cu-mu-lé, re-çu, dé-çu, re-cu-lé, ré-ci-té, ma-ca-ro-ni, me-na-ça, me-na-cé, Sa-ra, se-ra, dé-ci-dé, dé-co-ré, ci-té, dé-ca-pi-té, sé-cu-ri-té, sa-li, so-li-di-té, so-li-da-ri-té, Zo-é, zé-lé, zé-ro, jo-li, je, Ju-da, gé-né-ra-li-té, ju-gé, ju-gea, dé-ju gé, ga-la, ga-lo-pé, go-bé, fa-go-té, na-vi-gua, na-vi-gué, gui-dé.

PHRASES (*syllabes séparées*).

Le ké-pi de Re-né a é-té ré-pa-ré. Ré-mi a bu du ca-fé. Qui va là? Zo-é a cé-dé ce ki-lo de ca-fé de Mo-ka à Sa-ra. Le ma-ca-ro-ni a é-té je-té. Pa-pa a é-té dé-co-ré. Qui i-ra à la ci-té de Ju-da? Le pa-vé que Re-né a sa-li se-ra la-vé. Sa-ra di-ra ce-ci à Zo-é. Zo-é di-ra ce-la à A-mé-li-na. Ce cu-ré, si zé lé, a é-té vé-né-ré. La mi-no-ri-té a dé-ci-dé ce-ci, la ma-jo-ri-té a dé-ci-dé ce-la. Re-né a na-vi-gué, qui l'a gui-dé? Ré-mi.

MÊMES PHRASES (*syllabes non séparées*).

Le képi de René a été réparé. Rémi a bu du café. Qui va là? Zoé a cédé ce kilo de café de Moka à Sara. Le macaroni a été jeté. Papa a été décoré. Qui ira à la cité de Juda? Le pavé que René a sali sera lavé. Sara dira ceci à Zoé. Zoé dira cela à Amélina. Ce curé, si zélé, a été vénéré. La minorité a décidé ceci, la majorité a décidé cela. René a navigué, qui l'a guidé? Rémi.

Syllabes produites par une consonne de forme composée, suivie d'une voyelle de forme simple ou composée. — Syllabes commençant par deux ou trois consonnes différentes.

	A	I	Y	É ai, ei (a)	E eu, œu	O au, eau	U	OU
(e) RH	rha	rhi	rhy	rhé	rhe	rho	rhu	rhou
(e) TH	tha	thi	thy	*thé*	the	tho	thu	thou
(i) CH	cha	chi	chy	chai	cheu	chau	chu	*chou*
(o) ILL	illa	illi	illy	illai	illeu	illau	illu	illou
(o) GN	gna	gni	gny	gnai	gneu	gneau	gnu	gnou
(u) PH	pha	phi	phy	phai	pheu	phau	phu	phou
BL	bla	bli	bly	*blé*	*bleu*	blau	blu	blou
PR	pra	pri	pry	*pré*	*preu*	pro	pru	prou
GL	gla	gli	gly	glai	gleu	glo	*glu*	*glou*
CR	cra	*cri*	cry	crei	creu	cro	*cru*	crou
ST	sta	sti	sty	stei	steu	stau	stu	stou
STR	stra	stri	stry	strei	streu	strau	stru	strou

APPLICATIONS. — *(Mots).*

Rhé-a, Phi-lo-thé-a, cha-ri-té, chéri, cha-ri-

(a) Le son des voyelles de forme composée *ai*, *ei*, correspond, dans ce tableau, à celui de l'*é* fermé.

(e) L'*h* après les consonnes *r*, *t*, n'ajoute rien au son: *rha* se prononce comme *ra; tha*, comme *ta*, etc.

(i) Le son de cette consonne composée (ch) est dit *chuintant* à cause de son imitation avec le cri de la *chouette*.

(o) Le son des consonnes *ll*, *gn*, s'appelle *mouillé*. (Recommandé tout particulièrement à l'attention des maîtres.)

(u) Le son de *ph* est le même que celui de *f*.

va-ri, cha-lu-meau, chu-cho-té, cha-meau, ta-ché, dé-chi-ré, cou-ché, a-che-vé, tra-va-illa, ra-illa, dé ra-illé, mou-illé, bou-illi, feu-illu, dé-pou-illé, ga-gné, ga-gna, si-gna-la, si-gna-lé, ma-gna-ni-mi-té.

Ré-mi a pleu-ré. Re-né a é-té gué-ri. Paul a chu-cho-té. Zo-é a tra-va-illé à mi-di. No-é a é-té sau-vé. A-mé-li-na a bri-llé. Ré-mi a pra-ti-qué la cha-ri-té. Le cha-meau a bu de l'eau. Le sou a é-té dou-blé. L'é-pi de blé a é-té glané. Re-né a tou-ché la peau de l'a-gneau. Ré-mi tou-cha la peau du tau-reau. Le ca-fé a é-té gri-llé. Sa-ra m'a pro-cu-ré ce beau ta-bleau. Le dey se-ra pu-ni de sa cru-au-té. L'oubli a é-té ré-pa-ré.

MÊMES PHRASES. — *(Syllabes non séparées).*

Rémi a pleuré. René a été guéri. Paul a chuchoté. Zoé a travaillé à midi. Noé a été sauvé. Amélina a brillé. Rémi a pratiqué la charité. Le chameau a bu de l'eau. Le sou a été doublé. L'épi de blé a été glané. René a touché la peau de l'agneau. Rémi toucha la peau du taureau. Le café a été grillé. Sara m'a procuré ce beau tableau. Le dey sera puni de sa cruauté. L'oubli a été réparé.

Voyelles nasales.

	AN	IN	ON	UN	AM	IM	OM	UM
l,r	*l'an*	*lin*	*l'on*	*l'un*	ram	rim	rom	rum
m,n	man	min	mon	mun	nam	nim	*nom*	num
b,p	*ban*	bin	*bon*	bun	pam	pim	pom	pum
d,t	dan	din	*don*	*d'un*	tam	tim	tom	tum
v,f	van	*vin*	von	vun	fam	fim	fom	fum
ph,th	phan	phin	phon	phun	tham	*thym*	thom	thum
ch,j	chan	chin	chon	chun	jam	jim	jom	jum
ill,gn	illan	illin	illon	illun	gnam	gnim	gnom	gnum
br,pl	bran	*brin*	bron	*brun*	plam	plim	plom	plum
gr,fl	gran	grin	gron	grun	flam	flim	flom	fium
st,str	stan	stin	ston	stun	stram	strim	strom	strum
sp,spl	span	spin	spon	spun	splam	splim	splom	splum

MOTS.

Ma-lin, mou-lin, ta-lon, sa-lon, ram-pé, rom-pu, ma-man, ga-min, le nom, bon-bon, bam-bin, pom-pon, din-don, crou-ton, Lou-dun, Me-lun, tom-beau, ra-vin, sa-von, fon-dé, sé-ra-phin, chan-té, chan-son, Ar-ca-chon, jam-bon, bou-illon, brou-illon, mi-gnon, un brin, un plan, gran-di, gron-dé, flam-beau, cha-grin, che-min, scan-dé, scan-da-li-sé, spon-ta-né, Mon-tau-ban, Sam-son, Adam, main, de-main [a], se-rin, serein, à jeun.

(a) Les voyelles *a*, *e*, devant les voyelles nasales, sont *nulles* pour la prononciation.

PHRASES. — *(Syllabes séparées).*

A-mé-li-na i-ra au mou-lin. Re-né me di-ra le nom de ce ga-min. J'ai man-gé du bou-din à mi-di. Si-mon a man-gé son crou-ton. J'irai à Lou-dun. J'ai bu de bon bou-illon lun-di ma-tin. Si-mé-on a chan-té sa chan-son. Si-mé-on a man-gé du la-pin, du veau et du mou-ton. Mon com-pa-gnon a cou-pé ce beau pin. Lé-on a su-cé son bon-bon. Lé-on sa-li-ra son pan-ta-lon. An-to-nin a man-gé de bon jam-bon et[(a)] bu de bon vin. Jean a em-prun-té le pan-ta-lon brun de Sam-son.

(Syllabes non séparées).

Amélina ira au moulin. René me dira le nom de ce gamin. J'ai mangé du boudin à midi. Simon a mangé son crouton. J'irai à Loudun. J'ai bu de bon bouillon lundi matin. Siméon a chanté sa chanson. Siméon a mangé du lapin, du veau et du mouton. Mon compagnon a coupé ce beau pin. Léon a sucé son bonbon. Léon salira son pantalon. Antonin a mangé de bon jambon et bu de bon vin.

Jean a emprunté le pantalon brun de Samson.

(a) Le mot *et* se prononce toujours comme un simple *é* fermé, le *t* étant toujours *nul* pour la prononciation : Ex. Jean *et* André, mais *et* terminant un mot, ainsi que *ait*, a le son de l'*è* ouvert : Ex. *jet*, *fait*.

Diphthongues commençant par *i* ou par *oi*.

M,N	ia	ié	ieu	io	ian	ion	oi	oin

MOTS. — *(Monosyllabes)*.

Fia, nia, fié, lié, nié, Dieu, lieu, pieu; lion, pion; foi, loi, moi, roi, soi, toi, foin, loin, soin.

PHRASES. *(Syllabes séparées)*.

Mon pia-no a é-té dé-mon-té. Le lion a é-té lié loin de ce lieu-ci. Dieu pren-dra soin de qui-con-que res-pec-tera son nom et sa loi. Jean di-ra de-main ma-tin adieu à son com-pa-gnon. Adam a é-té pu-ni. Ré-mi a prê-té son vio-lon à Re-né, qui l'a mon-tré à Paul et à Jean.

Diphthongues commençant par *u* ou par *ou*

L	ua	ué	ueu	uo	uan	uon	ui	uin
R	oua	oué	ouè	ouo	ouan	ouon	*oui*	ouin

PHRASES.

Jean a sa-lué sa ma-man. Le pain a é-té dis-tri-bué. Abel a é-té tué par Ca-ïn. Don Juan a fui loin d'i-ci. Ce fruit sera cue-illi [a] en juin. An-to-nin a joué avec Pau-lin. Ce ma-tin j'ai été en-roué. An-dré a copié le re-frain de la chan-son. Quel vi-lain ba-bouin, et quel vi-lain mar-souin ! J'ai em-prun-té à Jean son cou-teau.

(a) Dans cette phrase, le *t* du mot *fruit* ne se prononce pas ; il en est de même de l'*u* de *cueilli*, mais cet *u* donne au *c* qui le précède, le son dur du *k* ; on peut épeler ce mot ainsi : *c* = *k*, *u*, *e* = *ke* ; *ill*, *i*, *lli* = *cueilli*.

Autres applications pour les consonnes mouillées, les voyelles nasales et les diphthongues.

MOTS

Au-trui, si-gnal, mi-gnon, é-loi-gné, ta-illé, ba-ta-illon, pi-llé, Syl-vain, pi-gnon, che-veu, é-pa-gneul, sui-vi, ré-flé-chi, chau-dron, champi-gnon, coin, Nan-kin, plan-té, pla-qué, vo-lonté, dé-clin, a-mi-tié, a-moin-dri, meu-blé, mondain, mou-illé, in-fa-illi-bi-li-té, dé-ta-illé, franchi, i-gno-ré, sté-no-gra-phié, pho-to-gra-phié.

PHRASES *(Syllabes non séparées.)*

André a du chagrin, il sera consolé. Ce général a été vaincu. Mon neveu partira de Dijon à la mi-juin ; il ira à Pau , à Avignon, à Autun et à Lyon. Zoé a dénoué son ruban. Voici le beau fruit que Paul a cueilli ce matin, et qu'il a placé ici à midi. Le consul m'a témoigné de l'amitié.

Observation.

Nous avons indiqué, aux pages 2 et 3, quatre procédés différents pour les exercices syllabiques. On peut en ajouter un cinquième pour les tableaux, qui consiste à les faire *chanter* par tous les élèves à la fois : c'est pour cela que nous portons toujours à chaque tableau *huit* colonnes verticales, nombre égal à celui des notes d'une gamme. Cet exercice, extrêmement facile et attrayant, a pour résultat d'assurer l'exactitude de la prononciation, d'assouplir et de rendre justes, autant que possible, les voix des élèves pour des chants appliqués plus tard à des sujets religieux, moraux ou patriotiques. On fera bien de reprendre, comme exercice de récapitulation, les tableaux précédents, en les faisant lire et chanter alternativement.

Syllabes produites par une voyelle suivie d'une consonne, ou placée entre deux consonnes.

	B	D	F	C	L	P	T	G
a(a)	ab	ad	af	ac	al	ap	at	ag
i	ib	id	*if*	ic	*il*	ip	it	ig
e(e)	eb	ed	ef	ec	el	ep	et	eg
eu	eub	eud	*œuf*	euc	eul	eup	eut	eug
o	ob	od	of	oc	aul	op	ot	og
u	ub	ud	uf	uc	ul	up	*ut*	ug
ou	oub	oud	*oùf*	ouc	oul	oup	out	oug

MOTS.

Jo-ab, Jo-ad ; mal ; cap ; vif, ac-tif ; fat ; Gad ; il rira ; vil, civil ; Oreb ; Obed ; la nef, bref, sel, Alep ; Seth ; neuf, œuf, bœuf ; bol, vol ; Lot ; sud, nul ; le croup ; ca-po-ral, gé-né-ral, a-mi-ral.

PHRASES ET MEMBRES DE PHRASES.

(*Syllabes non séparées.*)

Ce général, le seul ami de Paul, a été ruiné. Ce bol de thé sera bu à midi. Alfred ira à Bagdad. Noé a béni Sem et Japhet. Ce vil animal sera immolé. Ce vol m'a irrité. Le cheval du chef a été guéri. Le captif sera délivré.

(a) Dans tous les exemples de ce tableau, la consonne finale est *sonnante*; la voyelle est *brève* et prend le nom de *consonnante*. Nous verrons plus tard des cas où la consonne finale est *muette*, comme le *t* de *fruit* à la page 10.

(e) L'*e* suivi d'une consonne finale est ouvert, mais dans l'épellation, il se prononce *fermé* : *é*, *be* = *eb* = *èbe*.

E *final* muet après une consonne simple.
(Emploi du gros zéro.)

Voyelles	be	de	fe	que	le	pe	te	gue
a	abe	ade	afe	aque	ale	ape	ate	ague
	o			o				o
i	ibe	ide	ife	ique	ile	ipe	ite	igue
y	ybe	yde	yfe	yque	yle	ype	yte	ygue
è	èbe	ède	èfe	èque	èle	èpe	ète	ègue
eu	eube	eude	eufe	euque	eule	eupe	eute	eugue
o	obe	*ode*	ofe	oque	ole	ope	ote	ogue
u	ube	ude	ufe	uque	ule	upe	ute	ugue
ou	oube	oude	oufe	ouque	oule	oupe	oute	ougue

MOTS

Rade[a]; carafe ; race ; place ; mal=malle ; cape=cap ; mappe ; nappe ; pape ; date ; bègue ; seul=seule ; meule ; meute ; prote ; globe ; code ; étoffe ; coque=coq ; vol=vole ; dot ; sotte ; rogue ; tube ; rude ; mule ; nul=nulle ; dupe ; butte ; coude ; poule ; soupe ; doute.

PHRASES. *(Syllabes non séparées.)*

Le domestique a mal ficelé cette malle. J'ai salué le calife de Bagdad. Où va ce garçon ? à l'école. A-t-il récité sa leçon ? Oui. Quelle page écrira-t-il ? la neuvième.

(a) Procédé d'épellation : *re, a=ra ; de, o=de ; ra-de* ; couramment *rad* (en une syllabe, comme *Gad.*) — *Me, a=ma* ; double *ll, e=lle* ; *ma-lle=mal.* — Le signe = indique *l'égalité de son* de ces deux mots.

E *final* muet, après les consonnes mouillées, chuintantes ou aspirées.

Voyelles	il	ille	gne	gne	che	ge	ph	ph
a	(a) *ail*	(a) *aille*	agne	agne	*ache*	age	aph	aphe
i	(a) il	(a) ille	igne	igne	iche	ige	iph	yphe
è ai, ei (e)	eil	eille	ègne	aigne	èche	ège	eph	èphe
eu	euil	euille	*œil*	—	—	euge	—	—
o	—	—	ogne	ogne	oche	oge	oph	ophe
u					uche	uge		
ou	ouil	ouille	—		ouche	ouge		

MOTS

Bail, travail, caille, médaille, péril, il brille,[a] soleil, pareil, pareille, bouteille, seuil, recueil, fenouil, grenouille, patrouille, campagne, Charlemagne, digne, signe, cygne, règne, châtaigne, enseigne,[e] borgne, ivrogne, poigne, panache, biche, brèche, poche, pioche, feuillage, manège, horloge, ruche, déluge, Maubeuge, Asaph, épitaphe, Joseph, Christophe.

(a) Les deux mots *ail, aille* se prononcent exactement de la même manière; la syllabe *le* est conséquemment tout-à-fait nulle pour la prononciation. — Voir, pour le son mouillé de *il, ille*, page 26, note *a*.

(e) Nous avons vu, à la page 6, la double voyelle composée *ai, ei*, se prononçant comme l'*é* fermé; dans cette page, au contraire, aux mots *châtaigne*, *enseigne*, elle se prononce comme l'*è* ouvert, étant suivie d'une syllabe muette (voir page 12, note *e*.)

PHRASES

Jean a man-gé de l'ail. Ce sol-dat a été ar-mé pour le com-bat, qu'il y ail-le, et s'il se mon-tre bra-ve, il re-ce-vra une bel-le mé-dail-le. La cé-di-lle adoucit le son du *c* du mot *maçon*. J'i-rai avec ma fi-lle et ma niè-ce à la cam-pa-gne. Fré-dé-ric a é-té gué-ri de sa fiè-vre ma-li-gne. Adol-phe a chan-gé son che-val bor-gne con-tre un che-val aveu-gle. No-tre é-lè-ve Jo-seph cal-cu-le mal, et il se mon-tre fai-ble en or-tho-gra-phe; il a né-gli-gé la dou-ble rè-gle de la cé-di-lle et de l'a-po-stro-phe.

MÊMES PHRASES *(Syllabes non séparées et signes supprimés.)*

Jean a mangé de l'ail. Ce soldat a été armé pour le combat, qu'il y aille, et s'il se montre brave, il recevra une belle médaille. La cédille adoucit le son du *c* du mot *maçon*. J'irai avec ma fille et ma nièce à la campagne. Frédéric a été guéri de sa fièvre maligne. Adolphe a changé son cheval borgne contre un cheval aveugle. Notre élève Joseph calcule mal et il se montre faible en orthographe; il a négligé la double règle de la cédille et de l'apostrophe.

E *final* presque muet, après deux consonnes. (Emploi du petit zéro.) — Sons longs indiqués par l'accent circonflexe.

Voyelles	ble	bre vre	ple	pre	cle cre	dre	tre	gre
a	able	abre	aple	apre	acle	adre	atre	agre
	o	o	o	o	o	o	o	o
i	ible	*ivre*	iple	ipre	icre	idre	itre	igre
è	èble	èbre	èple	èpre	ècre	èdre	ètre	ègre
o	oble	obre	ople	opre	*ocre*	odre	otre	*ogre*
ou	ouble	oudre	ouple	oupre	oucre	oudre	*outre*	ougre

âle	*âme*	*île*	îme	êle	ême	ôle	ûle
âte	*âtre*	îte	ître	ête	*être*	*ôte*	ûte

MOTS.

Fa-ble[a], ta-ble, sa-bre, mi-ra-cle, fia-cre, nacre, ca-dre, cri-ble, ci-ble, sen-si-ble, gi-vre, li-bre, mul-ti-ple, ci-dre, pu-pi-tre, ti-gre, Chypre, cè-dre, mè-tre, lè-vre, meu-ble, cou-leu-vre, œu-vre, no-ble, so-bre, vo-tre, no-tre, ogre, sa-lu-bre, dé-cu-ple, dou-ble, cou-ple, cou-dre, lou-tre, lou-gre.

Pâ-le, pâ-te, l'â-me, pâ-tre, l'î-le, gî-te, dî-me, huî-tre, grê-le, blê-me, tê-te, l'ê-tre, rôle, côte, brûle, flûte.

(a) Epeler : *fe*, *a* = *fa*; *bl*, *e* = *ble* ; *fa-ble* ; couramment *fable*.

PHRASES. (*Syllabes non séparées.*)

Mon caporal a perdu son sabre. Ce navire a été retenu par un câble solide. Cet élève, âpre au travail, fera de rapides progrès. Ce beau cadre a été suspendu à la muraille de notre jardin. Antonin ira-t-il demain au théâtre? Il te le[(a)] dira à midi. Votre oncle se montre peu sensible à notre infortune. J'admire la magnifique beauté du cèdre du Liban. Ce brave[(a)] général a tenu à sa troupe[(e)] un sublime langage.

—

La patte du chat; la pâte pour le pain; l'île de Chypre.—Son visage pâle et blême décèle le trouble de son âme.—Il brûle de découvrir les côtes de France, sa belle et chère patrie.— Tâche que ta robe ne reçoive aucune tache.

(a) Observation importante.— Lorsque dans un même mot, ou dans deux mots consécutifs, il y a, à la suite l'une de l'autre, deux syllabes *demi-muettes simples,* c'est-à-dire, comprenant un *e* prononcé *eu,* et ne contenant l'une ou l'autre ni une diphthongue ni plusieurs consonnes, un des deux *e* ne se prononce pas. Ex.: Il te le dira ; enseveli. Cette suppression de son de l'*e* demi-muet a même lieu lorsqu'il se trouve entre deux syllabes sonnantes simples d'un même mot : *bravera,* mais on prononcerait l'*e* de *braverions,* à cause de la diphthongue *rions.* C'est du reste l'oreille qu'il faut surtout consulter dans ces divers cas.

(e) L'*e* final d'un mot est toujours élidé, de *son nul,* quand le mot suivant commence par une voyelle ou une h muette. Ex.: Fidèle ami, belle horloge.

Fin des exercices syllabiques de la première partie.

DEUXIÈME PARTIE

(Emploi général des signes)

Cette page d'exercices syllabiques et les suivantes ont spécialement pour objet l'explication et l'application des signes contenus dans le tableau qui termine cet ouvrage, divisé par colonnes et par casiers.

Emploi du gros zéro (casier 11), du gros point (casier 12), du double point, gros ou petit, pour la consonne double *x* (casiers 23 et 24).

MOTS

Habile, héroïne [a], honoré, homicide,
hardi, héros, holà, hune (d'un navire),
fat, dot, chut, — vexa (kse), examiné (gze).

PHRASES *(Syllabes séparées.)*

Ce gé-né-ral ha-bi-le et bra-ve a rem-por-té la vic-toi-re; son cou-ra-ge hé-roï-que [a] lui a va-lu l'é-lo-ge u-na-ni-me du peu-ple. Ce har-di fi-lou a é-té dé-non-cé, je-té au ca-chot et ci-té au tri-bu-nal. Cet-te ha-che so-li-de a tran-ché d'un seul coup le cou du con-dam-né. Ce jeu ne fat a é-té pu-ni de son sot or-gueil : on l'a e-xa-mi-né, il a mal répondu, et il a é-té vexé de son ren-voi.

(a) Le *tréma* (¨) sur l'*i* du mot *héroïne* indique la séparation des voyelles o, i, appartenant à deux syllabes différentes.

Emploi du petit point comme adoucissement des consonnes *f*, *s*, *t* ; du gros point pour le *d* prenant le son dur du *t* (Casiers 21 et 22.)

MOTS

Neuf amis (a), neuf hommes — rasa (e), rasé, hésité, épuisé, fusil — nation (i), discrétion, impartial, grand artiste, marchand avide, froid accueil.

PHRASES

Mon oncle a vécu cinquante-neuf ans. J'ai revu ce matin les neuf amis avec qui j'ai soupé mercredi. J'ai hésité à répondre à sa question peu convenable. Paul fera usage du fusil que son cousin lui a acheté. Notre camarade a agi avec beaucoup d'indiscrétion. Sa conduite peu raisonnable a nui à sa réputation. Le courage au travail a toujours été un grand élément de succès. Ce marchand avide, égoïste et indélicat, a reçu de tout le monde un froid accueil.

(a) Le petit point placé sous la consonne *f* lui donne le son du *v*, sa douce correspondante — prononcez: neuv amis.

(e) Le petit point sous l'*s* donne à cette consonne le son doux du *z*, ce qui a lieu généralement lorsque l'*s* est placée entre deux voyelles, aussi, au lieu de marquer le petit point pour marquer cet adoucissement, marquerons-nous au contraire le son dur conservé pour l'*s*, dans le cas d'exception, comme *désuétude*, qui se prononce sans adoucissement.

(i) Le petit point sous le *t* du mot *nation* donne à cette consonne le son sifflant de l'*s* ou du *c* dans *ce* — même règle et même observation pour l'emploi du gros point, seulement dans les cas exceptionnels, comme *entretien*.

Voyelles à son modifié (Tableau signolégique — 3e et 4e colonne horizontale.)

MOTS.

Indemnité, solennité, solennel, femme, savamment, ardemment, patiemment, désuétude, aime, aimé, cède, succède, succéda, succédera, estimé, estimer[(a)]; fera, ferait, faisait[(a)]; œuvre, manœuvre, meute, jeune, heurté, heureux; étau, marteau, marteaux; fasse, lasse, je suis (v. suivre), je suis (v. être).

PHRASES.

Le po-ète a composé un véritable chef-d'œuvre. Fernand a reçu une forte indemnité. Il ne sait ce qu'il ferait en pareille circonstance. J'aime toutes les personnes que tu aimes; j'aimais toutes celles que tu aimais.

Lasse de tant d'horreurs dont j'étais poursuivie,
J'allais prier Baal de veiller sur ma vie.

. . . .

Fasse le Ciel, qui te rend à mes vœux......

(a) Le signe placé entre deux lettres désigne un son unique, commun à l'une et à l'autre: *estimer* équivaut à *estimer*, à *estimé*.

Voyelles nasales, brèves ou longues, diphthongues *oi* et *oin* (Tableau signolégique, 5e et 6e colonne horizontale.)

MOTS.

An = en; la dent, les dents, mentir, je mens, il ment; j'entends, il entend; comptant, content; abondance, prudence[(a)]. In = en: Mentor, examen, spécimen; lien, client; je retiens, il retient, impatient; la loi, les lois, la voix, les voix harmonieuses, les voies légales, des soins dévoués, des besoins nouveaux.

PHRASES.

J'ai votre confiance, et vous aurez la mienne, pourvu que vous ne manquiez pas de prudence. Mentor donnait de bons conseils à Télémaque. Le patron a beaucoup de clients, qu'il retient par les liens de l'affection. Écoutez sans cesse la voix de l'honneur, et marchez sans crainte dans la voie que vous trace le devoir. Vous comprendrez facilement, après un sérieux examen, ce spécimen de mon système. Notre reine est à la fois puissante et clémente[(a)].

(a) Remarquez la différence de quantité des deux syllabes *dance* et *dence* des mots *abondance* et *prudence*; des syllabes *sante* et *mente* des mots *puissante* et *clémente*.

Pauses à faire, indiquées par la croix (+); inflexion de la voix pour des membres de phrase compris entre les deux signes (,) — Tableau signolégique ; Observations portées au bas. (a)

Un roitelet pour vous est un pesant fardeau.
o \ + ·) · ·\ · (–
Le moindre vent qui d'aventure(e)
o + ◡
Fait rider la face de l'eau,
/ o
Vous oblige à baisser la tête,
/
Cependant que mon front, au Caucase pareil,
– – /. o + \ =
Non content d'arrêter les rayons du soleil,
/ / \ . – \ =
Brave l'effort de la tempête.
o

Votre compassion, lui répondit l'arbuste,
o ( )
Part d'un bon naturel ; mais quittez ce souci:
+
Les vents me sont moins qu'à vous redoutables :
+ ·) +
Je plie et ne romps pas....
\. + o

. . . .

Je vous paierai, lui dit-elle,
·\ / (\.)
Avant l'août, foi d'animal,
o
Intérêt et principal.....
·

(a) Ces pauses et ces inflexions de voix, que le système actuel d'accentuation est impuissant à signaler, sont d'une importance extrême pour une lecture intelligente : on ne saurait mettre trop de soin à les faire observer aux élèves.

(e) Eviter de jamais faire une pause à la fin d'un vers, lorsqu'il ne s'y trouve aucun signe de ponctuation.

MORCEAUX EN PROSE

LE LOUP ET LE JEUNE MOUTON [a]

Des moutons étaient en sûreté [e] dans leur parc ; les chiens dormaient, et le berger, à l'ombre d'un grand ormeau, jouait de la flûte avec d'autres bergers voisins. Un loup affamé vint, par les fentes de l'enceinte, reconnaître l'état du troupeau. Un jeune mouton, sans expérience, et qui n'avait jamais rien vu, entra en conversation avec lui : — Que venez-vous chercher ici ? dit-il au glouton. L'herbe tendre et fleurie, répondit le loup. Vous savez que rien n'est plus doux que de paître dans une verte prairie émaillée de fleurs, pour apaiser sa faim, et d'aller éteindre sa soif dans un clair ruisseau : j'ai trouvé ici l'un et

---

(a) Après avoir assuré une excellente prononciation de cette fable, on peut la faire lire, puis réciter par cœur de deux manières :

1° *par un seul élève*, qui doit, par diverses modulations de sa voix, faire parfaitement distinguer les trois personnages dont il reproduit les paroles : le Narrateur, le Loup, le Mouton ;

2° *par trois élèves*, chargés chacun d'un de ces trois rôles, et, dans ce cas, on peut supprimer les membres de phrase : *dit-il au glouton*, *répondit le loup, répondit le jeune mouton.*

Cette observation s'applique de la même manière à tous les morceaux qui comprennent un récit et un dialogue.

(e) *L'accent circonflexe* indique toujours un son *allongé*.

l'autre. Que faut-il davantage ? J'aime la philosophie, qui enseigne à se contenter de peu. — Il est donc vrai, repartit le jeune mouton, que vous ne mangez point la chair des animaux, et qu'un peu d'herbe vous suffit ? Si cela est, vivons comme frères, et paissons ensemble. — Aussitôt le mouton sort du parc dans la prairie où le sobre philosophe le mit en pièces et l'avala.

FÉNELON.

Défiez-vous des belles paroles des gens qui se vantent d'être vertueux. Jugez-en par leurs actions et non par leurs discours.

L'ABEILLE ET LA MOUCHE

Un jour une abeille aperçut une mouche auprès de sa ruche. — Que viens-tu faire ici ? lui dit-elle d'un ton furieux. Vraiment, c'est bien à toi, vil animal, à te mêler avec les reines de l'air ? — Tu as raison, répondit froidement la mouche, on a toujours tort de s'approcher d'une nation aussi fougueuse que la vôtre. — Rien n'est plus sage que nous, dit l'abeille, nous seules avons des lois et une république bien policée ; nous ne cueillons que des fleurs odoriférantes ; nous ne faisons que du miel délicieux, qui égale le nectar. Ote-toi de ma présence, vilaine mouche importune, qui ne fais que bourdonner et chercher ta vie sur les ordures. — Nous vivons comme nous pouvons, répondit la mouche ; la pauvreté n'est pas un vice ; mais la colère en est un grand. Vous faites du miel qui est doux, mais votre cœur est toujours amer ; vous êtes sages dans vos lois, mais emportées dans votre conduite. Votre colère, qui pique vos ennemis, vous donne la mort, et votre folle cruauté vous fait plus de mal qu'à personne.

Il vaut mieux avoir des qualités moins éclatantes, avec plus de modération.

FÉNELON.

LE MAUVAIS FILS.

Un jeune homme de la ville de Tagliacozzo (a), qui était sur le point de se marier, résolut de chasser son père de la maison et de le reléguer à la campagne (a) : il craignait que la compagnie du vieillard ne déplût à sa jeune femme. Son père avait plus de cent ans et était hors d'état de lui résister. Il le fit monter dans un chariot et le mena jusqu'à la porte d'une mauvaise métairie qu'ils avaient dans la campagne : c'était dans cette métairie qu'il voulait l'enfermer. — « Mon fils, dit le vieillard, je sais ce que tu veux faire ;

(a) Tagliacozzo, nom italien. Les deux signes placés sous ce mot sont communs à plusieurs langues : le premier, = , désigne, en français, le son *mouillé* de la consonne *l*, simple, ou double, *ll*, et, en italien, le son de *gli*, absolument semblable à celui *ill* français, de sorte que *Taglia*, italien, se prononce exactement comme le mot français *tailla* ; *ril* de *péril* a le même son que *rille* de *brille*. Ce signe indique aussi le son mouillé français *gn*, correspondant au *ñ* espagnol : *craignait*, *campagne*.

Le second signe, •• , double gros point placé sous les deux *zz*, indique le son *kse*, en français *vexa* ; le son *tse*, en italien pour le double *zz*, en allemand, pour le *c*, devant *e*, *i* : *Cicero* ; en anglais et en espagnol, le son *tche*, sous *ch* : *much*, *mucho*.

mais je ne te demande[a] qu'une chose, c'est de me conduire au moins jusqu'à cette table de pierre qui est dans le jardin. » — Le fils conduisit son père jusqu'à cette table, et quand ils y furent arrivés : — Maintenant tu peux partir et m'abandonner, dit le vieillard, c'est ici qu'autrefois j'ai amené mon père et que je l'ai abandonné. — Ah ! mon père, s'écria le jeune homme, si j'ai des enfants, c'est donc ici qu'ils m'amèneront à leur tour ! » — Et alors, ramenant son père à Tagliacozzo, il lui donna la plus belle chambre dans la maison, et la place la plus honorable à son repas de noces. Aussi Dieu le bénit et il vécut vieux[e] et respecté.

LA VIE HEUREUSE.

Pour être heureux[i], il n'est pas absolument

(a) *Je ne te demande* — quatre *e* demi-muets, qui doivent être prononcés et supprimés alternativement, de deux en deux ; prononcés, le 1er et le 3e ; supprimés, le 2e et le 4e, comme s'il y avait *jeun' teud' mande.*

(e) Le petit point sous l'*x* du mot *vieux*, suivi d'un mot commençant par une voyelle, donne à cette double consonne le son simple et doux de la consonne *z*.

(i) Nous ne signalons point l'*h* muette, mais seulement l'*h* aspirée, et par le gros point.

nécessaire d'être pauvre, de gagner son pain à la sueur de son front ; mais être riche, puissant n'est pas une garantie du bonheur. La seule qui nous soit donnée ici-bas ne repose véritablement qu'en nous : soyons honnêtes, laborieux, compatissants, aimons nos semblables et faisons-leur du bien[a], regardons au-dessous et non au-dessus de nous, restons attachés au sol où nous sommes nés et qui a nourri nos pères, ne méprisons pas ce que nous avons et ce que nous connaissons au profit de ce que nous n'avons pas et de ce que nous ignorons, et nous serons contents[a] de notre sort. Il y a un proverbe qui dit : « Faites ce que vous faites. » Ce proverbe a raison, et voici ce qu'il signifie : « On peut faire toute sa vie, avec dégoût et sans succès, un métier qu'on fait mollement et à moitié ; mais il est sans exemple[a] qu'on ne finisse pas par trouver le succès et même le

(a) Lorsque la voyelle nasale *en* doit être prononcée *an*, nous ne signalons plus ce cas, mais seulement celui où elle doit être prononcée *in*, et nous ne le faisons que dans les cas douteux. C'est surtout dans la langue latine que nous aurons à signaler cette prononciation : *templi*, *intenti*.

plaisir dans un métier auquel on se livre tout entier. On s'attache à tout ce qu'on fait, quelque pénible que la chose ait paru d'abord, quand on la fait pendant un certain temps avec continuité d'efforts.

LE CHANTRE[a] DU SOIR.

Lorsque les premiers silences de la nuit et les derniers murmures du jour luttent sur les coteaux, au bord des fleuves, dans les bois et dans les vallées ; lorsque les forêts se taisent par degrés, que pas une feuille, pas une mousse ne soupire, que la lune est dans le ciel, que l'oreille de l'homme est attentive, le premier chantre de la création entonne ses hymnes à l'Eternel. D'abord il

---

(a) Dans ce mot, *chantre*, pris isolément, ou terminant un membre de phrase, la voyelle nasale *an* serait longue et par conséquent marquée du signe –', mais comme il est suivi de son complément déterminatif, *du soir*, auquel il doit être lié dans la lecture, la syllabe *chan*, sans être *brève*, cesse d'être *longue*, devient *moyenne* pour la quantité : il en est de même de quelques autres mots de ce morceau : *brillants*, *romances*, *temps*. Nous trouvons les trois cas de quantité de la voyelle nasale *an* dans trois mots de ce morceau : *changés* (brève), *chantre* (moyenne), *chants* (longue). C'est surtout ce dernier cas que nous marquerons désormais, la différence entre les deux premiers étant peu sensible.

frappe l'écho[a] des brillants échos du plaisir; le désordre est dans ses chants; il saute du grave à l'aigu, du doux au fort; il fait des pauses; il est lent, il est vif; c'est un cœur que la joie enivre. Mais tout à coup la voix tombe, l'oiseau se tait. Il recommence. Que ses accents sont changés! Quelle tendre mélodie! Tantôt ce sont des modulations languissantes, quoique variées; tantôt c'est un air un peu monotone, comme celui de ces vieilles romances françaises, chefs-d'œuvre[e] de simplicité et de mélancolie. Le chant est aussi souvent la marque de la tristesse que de la joie; l'oiseau qui a perdu ses petits chante en-

---

(a) Le gros point sous *ch* donne à cette consonne composée le son dur du *k*.

(e) Nous marquons le premier *e* de *chefs-d'œuvre* comme *fermé*, bien que dans *chef*, cet *e* soit *ouvert*, en vertu de ce principe que lorsque l'*e* non muet ni demi-muet termine une syllabe suivie d'une syllabe sonnante, cet *e* est fermé, comme dans *céda*, *chéri*, et c'est bien le cas de *chefs-d'œuvre*, qui, pour la prononciation, peut être considéré comme ne formant qu'un seul mot, dont la première syllabe est *ché* puisque les deux lettres *fs* ne sont pas prononcées, et dont la seconde syllabe *d'œuvre* est sonnante. Ce principe explique le son de l'*e* fermé dans *céda*, *s'aida*, *querella*, tandis que le même *e* est ouvert dans il *cède*, il *s'aide*, il se *querelle*. Telle est du moins notre manière de raisonner, que nous soumettons aux savants d'une plus grande expérience que la nôtre, comme nous le faisons pour tout autre cas dans lequel nous émettons un avis contraire à des règles, suivies ordinairement.

core ; c'est encore l'air du temps du bonheur qu'il redit, car il n'en sait qu'un ; mais par un coup de son art, le musicien n'a fait que changer la clef, et la cantate du plaisir est devenue la complainte de la douleur.

CHATEAUBRIAND.

RÉCIT D'UN VOYAGE.(a)

Je vous dirai que je suis à Nice, que je suis logé dans une charmante maison, située à la campagne et sur les bords de la mer, mais à mi-côte, et à distance raisonnable. (e) J'ai sous ma fenêtre ce beau et immense(e) bassin (e) que je découvre de tous côtés, jusqu'aux bornes de l'horizon. J'entends, la nuit et de mon lit, le bruit des va-

(a) Dans ce morceau, nous avons évité de marquer la prononciation d'un certain nombre de mots qui se trouvent dans les morceaux précédents, ou dont la prononciation se rattache à des règles bien comprises. Nous continuerons ce système, en indiquant de moins en moins la prononciation, mais il sera bon de la faire marquer au *tableau noir* par les élèves pour s'assurer qu'ils la possèdent bien. Nous annoterons du reste toujours les cas difficiles ou douteux.

(e) Lorsqu'une consonne est doublée dans un mot, si le son doit être *double*, nous portons un point sous chacune de ces deux lettres; dans le cas contraire, le son est simple.

gues ; et ce son monotone et sourd m'invite doucement au sommeil. (e) Je n'ai jamais vu de plus beaux jours que ceux dont nous jouissons ici ; le soleil y est dans son plus grand éclat ; la chaleur, à midi, est comme celle du mois de mai à Paris, lorsqu'il est beau. La campagne est encore riante et couverte de gazons ; les petits pois sont en fleurs ; on trouve dans les jardins la rose, l'œillet, le jasmin, comme en été. L'orange et le citron sont suspendus à des millions d'arbres épars dans les campagnes et dans les enclos. Tout offre l'image de la fertilité et du printemps. Joignez à cela des promenades très-agréables dans les montagnes, où l'on découvre à chaque pas les points de vue les plus pittoresques (e) ; partout le mélange de la nature sauvage et de la nature cultivée, des montagnes qui sont des jardins, et d'autres, hérissées de roches, entrecoupées de pins et de cyprès, et, dans l'éloignement, la cime des Alpes couvertes de neige.

THOMAS.

LETTRE D'UN PÈRE A SA FILLE. BONS CONSEILS.

Sans doute, ma très-chère enfant, tu as fort bien deviné le sentiment qui empêche ta bonne grand'mère de te vanter (a) à toi-même : il en pourrait résulter (e) deux inconvénients, celui d'augmenter (e) ton amour-propre et celui de nourrir (i) ta paresse. Tu sens bien par toi-même qu'on est toujours porté à s'arrêter en chemin, à dire : *c'est assez* ; et c'est un grand mal. Maman voudrait donc éviter (e) cette nonchalance, et t'animer constamment à de nouveaux efforts ; mais il est bien sûr (et tu en es bien persuadée), qu'il n'y a personne au monde qui t'aime

(a) *Vanter à.* Ce cas du prés. de l'inf. des verbes de la 1re conjugaison suivi d'une voyelle s'est déjà présenté plusieurs fois : nous croyons utile de justifier le son *fermé* donné à *l'é*, contradictoirement à l'auteur d'un excellent traité de prononciation française, qui le signale comme *ouvert*. Ces deux mots étant liés ensemble doivent être prononcés comme s'ils n'en faisaient qu'un, *vantéra*, et ils rentrent dans le cas du mot composé *chef-d'œuvre*, que nous avons expliqué à la page 30. Il en serait de même de ce membre de phrase : vous pouviez vous *fier à* lui, dans lequel *fier à* doit se prononcer *,fiéra*, comme les finales de *s'assiéra*.

(e) Nous rappelons l'observation qu'un signe placé entre deux lettres les affecte l'une et l'autre, que par conséquent dans les verbes *résulter*, *augmenter*, *éviter*, etc — *ter* = té.

(i) La consonne finale *r* des mots *ir* est sonore même devant une consonne.

plus que cette bonne maman, et qni rende plus de justice aux efforts que tu fais pour devenir une bonne et aimable personne. Jamais tu ne fais quelque chose de bien sans qu'elle ait soin de m'en faire part : plus tu vivras, ma chère enfant, plus tu regarderas autour de toi, et plus tu verras que nulle part tu ne peux être mieux qu'auprès d'elle. Je suis assez content de ton style et de ton orthographe, qui se perfectionnent ; j'ai bien envie d'être auprès de toi pour y donner [a] la dernière main. En attendant, je puis t'assurer que tu as des dispositions pour écrire purement ; ainsi, il faut les cultiver. Voilà peut être qui va te donner de l'orgueil ; mais une autrefois je ne te parlerai que de tes défauts, pour t'humilier. Tu feras très-bien, ma chère enfant, de m'écrire de temps en temps ; mais il faut laisser courir [a] ta plume, et me dire tout ce qui passe dans ta tête. Tu

(a) La consonne finale *r* dans les mots en *er* n'est pas sonore devant une consonne.

as toujours quatre chapitres à traiter : tes plaisirs (a), tes ennuis, tes occupations, et tes désirs ; avec cela on peut remplir quatre pages. Pour moi, il suffit de quatre mots, en suivant cette même division : Mon *plaisir* (e) serait d'être avec toi, mon *chagrin* est d'en être éloigné, mon *occupation* est de trouver les moyens de te rejoindre, et mon *désir* (e) est d'y réussir. (e) Adieu, ma chère enfant.

J. DE MAISTRE.

L'ENTRÉE AU COLLÉGE

Pressé par ma mère, qui désirait passionnément qu'au moins son fils aîné fît ses études, mon père consentit à me mener au collége de Mauriac. Accablé de caresses, baigné de douces

(a) La syllabe *sir* est figurée *longue* dans le mot *réussir* comme terminant un membre de phrase, mais non dans *plaisir*, *désir*, parcequ'il convient de lier chacun de ces deux mots au mot suivant, *serait*, *est* (voir page 29, note *a*).

larmes et chargé de bénédictions, je partis donc avec mon père. Il me portait en croupe, et le cœur me battait de joie ; mais il me battit de frayeur quand mon père me dit ces mots : « On m'a promis, mon fils, que vous seriez reçu en quatrième ; si vous ne l'êtes pas, je vous remmène et tout sera fini. » Jugez avec quel tremblement je parus devant le régent qui allait décider de mon sort ! Heureusement il y avait dans son regard, dans le son de sa voix, dans sa physionomie un caractère de bienveillance si naturelle et si sensible, que son premier abord annonçait un ami à l'inconnu qui lui parlait. Après nous avoir accueillis avec cette grâce touchante, il invita mon père à revenir savoir quel serait le succès de l'examen que j'allais subir, et, me voyant encore bien timide, il commença par me rassurer. Ensuite, pour épreuve, il me donna un thème : je le fis mal ; et après l'avoir lu, « Mon enfant, me dit-il, vous êtes bien loin d'entrer dans cette classe; vous aurez même bien de la peine à être reçu en cinquième.

Je me mis à pleurer. « Je suis perdu, lui dis-je, mon père n'a aucune envie de me laisser continuer mes études; il ne m'amène ici que par complaisance pour ma mère, et en chemin il m'a déclaré que si je n'étais pas reçu en quatrième, il me remmènerait chez lui : cela me ferait bien du tort, et bien du chagrin à ma mère! Ah! par pitié, recevez-moi ; je vous promets d'étudier tant, que dans peu vous aurez lieu d'être content de moi. » Le régent, touché de mes larmes et de ma bonne volonté, me reçut, et dit à mon père de n'être pas inquiet de moi; qu'il était sûr que je ferais bien

Le lendemain de mon arrivée, comme je me rendais le matin dans ma classe, je vis à sa fenêtre mon régent, qui, du bout du doigt, me fit signe de monter chez lui. « Mon enfant, me dit-il, vous avez besoin d'une instruction particulière et de beaucoup d'étude pour atteindre vos condisciples : commençons par les éléments, et venez ici une demi-heure avant la classe, tous les matins, me réciter les règles que vous aurez apprises ; en vous les expliquant je vous en marquerai l'usage. »

Je pleurai aussi ce jour-là, mais ce fut de reconnaissance. En lui rendant grâce de ses bontés, je le priai d'y ajouter celle de m'épargner, pour quelque temps, l'humiliation d'entendre lire, à haute voix, mes thèmes dans la classe. Il me le promit, et j'allai me mettre à l'étude. Je ne puis dire assez avec quel tendre zèle il prit soin de m'instruire, et quel attrait il sut donner à ses leçons. Du mois d'octobre où nous étions jusqu'aux fêtes de Pâques, il n'y eut pour moi ni amusement ni dissipation ; mais après cette demi-année, familiarisé avec toutes mes règles, ferme dans leur application, je cheminai plus librement. Dès lors je fus l'un des premiers écoliers de la classe, et peut-être le plus heureux; car j'aimais mon devoir, et, presque sûr de le faire assez bien, ce n'était pour moi qu'un plaisir.

MARMONTEL.

MORCEAUX DE POÉSIE (a)

UN ENFANT A SON ANGE GARDIEN

(e)Veillez (i) sur moi, quand je m'éveille,
Bon ange, puisque Dieu l'a dit ;
Et chaque nuit, quand je sommeille,
Penchez-vous (i) sur mon petit lit.
Ayez pitié de ma faiblesse : (a)
A mes côtés marchez (e) sans cesse,
Parlez-moi (i) le long du chemin ;

(a) *Po-é-sie.*

(e) *Veillez*, *m'éveille*. La voyelle de forme composée, *ei*, dans le premier mot *veil-lez*, a le son de l'*e fermé* parce qu'elle est suivie d'une syllabe sonore, prononcée, mais elle a le son de l'*e ouvert* dans *m'éveille*, parce qu'au lieu de terminer la syllabe, elle précède l'articulation ou consonne, *ille*, qui la termine, l'*e* final étant muet.

(i) L'e de la seconde syllabe, *llez*, et aussi celui de *marchez* est long, par règle générale pour le substantif *nez* et pour la seconde personne du pluriel dans les verbes, mais cet *e* est abrégé dans *penchez-vous*, et dans *parlez-moi*, parce que les syllabes *chez*, *lez* sont essentiellement liées aux mots *vous*, *moi*, sans pause possible, ainsi que l'indique le *trait d'union*.

Et pendant que je vous écoute,
De peur que je ne tombe en route,
Bon ange, donnez-moi la main.

Mme Tastu.

LA PRIÈRE DU MATIN

Notre père des cieux, père de tout le monde,
De vos petits[a] enfants c'est vous qui prenez[a] soin ;
Mais à tant de bontés vous voulez qu'on réponde,
Et qu'on demande aussi, dans une foi profonde,
Les choses dont on a besoin.

Vous m'avez tout donné, la vie et la lumière,
Le blé qui fait le pain, les fleurs qu'on aime à voir,
Et mon père et ma mère, et ma famille entière ;
Moi, je n'ai rien pour vous, mon Dieu, que la prière[e]

(a) Bien qu'il n'y ait pas un trait d'union après *petits, prenez*, le son des deux voyelles *i*, *e*, à cause de la liaison nécessaire entre les mots *petits enfants* — *prenez soin*, cesse d'être long.

(e) Rappelons qu'il ne faut jamais s'arrêter à la fin d'un vers, lorsqu'il ne s'y trouve aucun signe de ponctuation ; qu'il faut au contraire faire une pause à tout signe de ponctuation et à chaque croix.

Que je vous dis matin et soir.
Notre père des cieux, bénissez ma jeunesse ;
Pour mes parents, pour moi, je vous prie à genoux ;
Afin qu'ils soient heureux, donnez-moi la sagesse,
Et puissent leurs enfants les contenter sans cesse,
Pour être aimés d'eux et de vous !

Mme TASTU.

LE PETIT ENFANT [(a)]

Pour le bon Dieu que puis je faire ?
Je suis si petit, si petit !
Voici ce que mon cœur me dit :

(a) Dans l'étude de ce morceau, nous nous occuperons spécialement du *ton*, toujours aussi naturel que possible, que les signes de ponctuation servent à indiquer, ainsi que les *pauses*, mais ces dernières d'une manière incomplète. Et d'abord pour le premier vers, bien prendre le ton de l'interrogation, comme pour le second vers, celui de l'admiration. Puis suivre, pour les autres signes de ponctuation, cette règle : pour la *simple virgule*, soutenir la voix, à la dernière syllabe, sur le même ton qu'aux précédentes, mais pour les autres signes, le *point virgule*, le *deux-points* et le *point seul*, *ordinaire*, prononcer la dernière syllabe, en faisant une *inflexion*, une *chute* de voix, en *descendant*, en quelque sorte, d'une *note*. Pour bien observer ces diverses règles, il faut avoir vu la fin de chaque membre de phrase, avant d'y être arrivé : il faut que les yeux aillent en avant de la langue.

J'aimerai bien ma bonne mère !
Je puis l'aimer quoique petit.

Pour Dieu que puis-je faire encore ?
Puisque c'est Dieu qui nous bénit,
Je prierai bien, près de mon lit,
Ce bon Dieu que ma mère adore :
On peut prier quoique petit.

Et, puis-je faire davantage ?
A l'école où l'on me conduit,
Attentif à tout ce qu'on dit,
Je m'efforcerai d'être sage :
On peut l'être quoique petit.

Et quoi d'autre enfin ? — Si ma mère
Me réprimande ou m'avertit,
J'y veillerai quoique petit,
Pour corriger mon caractère :
C'est comme cela qu'on grandit.

TOURNIER.

LA FILEUSE AU FUSEAU (a)

Dans la vallée ombreuse
J'aime à voir la fileuse,
Seule au bord du ruisseau,
Tirant de sa quenouille
Le chanvre qu'elle mouille
En tournant son fuseau.

Tandis que la fillette
Rit avec la fleurette
Et chante avec l'oiseau,
Son doigt toujours agile
Façonne et file, file,
En tournant son fuseau.

Sans trève et sans relâche,
L'enfant poursuit sa tâche,
En rentrant au hameau.
C'est que son cœur espère
Un baiser de sa mère
En tournant son fuseau.

DELCASSO.

(a) Cette pièce est extraite du *Recueil de morceaux de chant*, par MM. Delcasso et Gross, signalé par M. C. Hanriot, inspecteur d'académie, dans son excellent *choix de lectures pour l'année*, comme étant ce qu'il y a de mieux approprié à l'enfance. Paris, librairie F. Tandoux et Cie.

LA CIGALE ET LA FOURMI [a]

La cigale, ayant chanté
Tout l'été,
Se trouva fort dépourvue
Quand la bise fut venue :
Pas un seul petit morceau [e]
De mouche ou de vermisseau :
Elle alla crier famine
Chez la fourmi sa voisine,

(a) Après les quatre morceaux de poésie que nous venons de donner, d'une intelligence facile même pour de jeunes enfants, nous allons donner quelques fables de La Fontaine, en commençant par la première, dont nous portons en regard le texte ordinaire et le texte *annoté*, comme spécimen des *exercices* ou *devoirs écrits de prononciation*, que les élèves peuvent faire eux-mêmes sur un texte quelconque, à mesure qu'ils sont initiés à la méthode signolégique, ainsi qu'aux règles de la prononciation : moyen infaillible pour faire de rapides et solides progrès et parvenir à une perfection aussi complète que possible dans l'*art de la lecture.*

(e) Il faut bien éviter de s'arrêter après le mot *morceau,* qui termine le vers, attendu que les deux mots, *de mouche*, qui commencent le vers suivant sont essentiellement liés à ce mot par le sens ; comme, plus loin, les mots *crier famine chez la fourmi... de lui prêter quelque grain... subsister jusqu'à...*

LA CIGALE ET LA FOURMI

La cigale, ayant chanté
Tout l'été,
Se trouva fort dépourvue
Quand la bise fut venue :
Pas un seul petit morceau [a]
De mouche ou de vermisseau :
Elle alla crier famine
Chez la fourmi, sa voisine,

(i) Remarquez le zéro sous la prép. *de* avant les substantifs *mouche* et *vermisseau*, et prononcez sans faire entendre l'*e*, comme dans cette phrase simple : *donnez-moi, je vous prie, un morceau d' pain.*

N. B. — Il ne faut pas toutefois conclure de cette observation, que toujours, dans le cas de deux syllabes demi-muettes consécutives, ou d'une syllabe demi-muette placée entre deux syllabes sonnantes (voir page 17, note *a*), la suppression de l'*e* demi-muet soit de rigueur, ou même simplement facultative. Il y a des cas où, pour donner plus de force à une affirmation, *en matière grave*, c'est, au contraire, la prononciation de l'*e* demi-muet qui est de rigueur. Ex. : *Je vous le dis en vérité*; *il te le dira, tu peux en être sûr*; aussi n'est-ce pas seulement l'oreille qu'il faut consulter, mais encore le sens de la phrase.

La priant de lui prêter
Quelque grain pour subsister
Jusqu'à la saison nouvelle. —
Je vous paierai, lui dit-elle,
Avant l'août, foi d'animal,
Intérêt et principal.
La fourmi n'est pas prêteuse,
C'est là son moindre défaut. —
Que faisiez-vous au temps chaud?
Dit-elle à cette emprunteuse. —
Nuit et jour à tout venant
Je chantais, ne vous déplaise. —
Vous chantiez, j'en suis fort aise! (a)
Eh bien! dansez maintenant.

(a) Ces deux derniers vers constituent ce qu'on appelle la *morale*, l'enseignement de la Fable.— La Cigale, ne songeant qu'à chanter, à s'amuser, avait négligé d'amasser des provisions pour l'avenir; la Fourmi le lui reproche d'une manière cruelle, et la congédie sans lui donner aucun secours.

Gardons-nous d'imiter l'imprévoyance de la Cigale, mais tout aussi bien l'insensibilité de la Fourmi.

La priant de lui prêter [a]
-̇ + ·\ /o
Quelque grain pour subsister
(+ · • / o
Jusqu'à la saison nouvelle. —
/ · _
Je vous paierai, lui dit-elle,
) ·\ / (!.)
Avant l'août, foi d'animal,
_ o <
Intérêt et principal.
·\ +
La fourmi n'est pas prêteuse,
·\ (·
C'est là son moindre défaut. —
\ + ⌒
Que faisiez-vous au temps chaud ?
((/ · _ ⌒
Dit-elle à cette emprunteuse. —
(!. \ (·)
Nuit et jour à tout venant
• ·) + o _
Je chantais, ne vous déplaise. —
(_ /· (·\
Vous chantiez, j'en suis fort aise !
_ /· • ·\
Eh bien ! dansez maintenant.
_ /· o -̇

(e) On remarquera la final *er* des mots *prêter*, *subsister*, annotée pour le premier par deux signes, pour le second par un seul, mais placé entre les deux lettres, et conséquemment les affectant l'une et l'autre : ter = ter = té
/o /
(voir page 33, note e).

LE CHÊNE ET LE ROSEAU
·\ + ○ ·

Le chêne un jour dit au roseau : (a)
+ |.
« Vous avez bien sujet d'accuser la nature,
) / \ ○ /○ ◡̇
Un roitelet pour vous est un pesant fardeau.
< ○ \ + ·) · · —
Le moindre vent qui d'aventure
< — ° — + ◡̇

(a) Les deux signes qui figurent dans ce vers offrent l'un et l'autre une preuve bien frappante de l'insuffisance du système actuel d'accentuation, et conséquemment une justification de notre système signologique.

1° Une *pause* est indispensable après le mot *chêne*; autrement les quatre mots *le chêne un jour*, liés ensemble, produiraient un non-sens, ainsi que l'a démontré avec tant d'esprit et de charme M. Legouvé, dans son traité de l'art de la lecture. On dit bien : *le chêne élevé, le chêne superbe, le chêne orgueilleux* : ces trois adjectifs se lient parfaitement au substantif *chêne*, qu'ils qualifient, mais il ne saurait en être de même de *un jour*, locution adverbiale, qui modifie non pas ce substantif, mais le verbe *dit*, qu'elle précède par inversion. La construction directe serait : *le chêne dit un jour au Roseau.* C'est donc à *dit* qu'on doit lier *un jour*, et non à *chêne*, en faisant au contraire une pause après *chêne*; mais comment indiquer au lecteur cette pause si nécessaire? Les règles de la grammaire s'opposent à ce qu'on emploie pour cela une virgule ou tout autre signe de ponctuation; donc il fallait créer un nouveau signe : la *croix* nous paraît parfaitement remplir ce but.

Le troisième vers donne lieu à une observation analogue pour les quatre premiers mots : *Un roitelet pour vous*, qui, liés ensemble, n'offrent pas plus de sens que *le Chêne un jour*.

2° Le verbe *dit* est au passé défini. On le reconnaît en mettant au pluriel les deux substantifs, ce qui donne : *les chênes dirent un jour aux roseaux*, et non pas *disent*. Or, la voyelle *i*, brève au sing. du prés. de l'ind. de ce verbe, est *longue* au passé défini. Pourrait-on indiquer cette quantité par un accent circonflexe? Impossible : les règles de l'orthographe s'y opposent : on aurait l'imparfait du subj. = *dît*, donc nouveau signe à créer.

N. B. Cette double difficulté se rencontre, comme tant d'autres, dans des

Fait rider la face de l'eau,
Vous oblige à baisser la tête;
Cependant que mon front, au Caucase pareil;
Non content d'arrêter les rayons du soleil,
Brave l'effort de la tempête.
Tout vous est aquilon, tout me semble zéphyr;
Encor si vous naissiez à l'abri du feuillage
Dont je couvre le voisinage,
Vous n'auriez pas tant à souffrir;
Je vous défendrais de l'orage :
Mais vous naissez le plus souvent
Sur les humides bords des royaumes du vent.
La nature envers vous me semble bien injuste. »
— « Votre compassion, » lui répondit l'arbuste,
« Part d'un bon naturel ; mais quittez ce souci :
Les vents me sont moins qu'à vous redoutables;
Je plie et ne romps pas. Vous avez jusqu'ici

---

milliers de cas de notre langue française, aussi bien que des langues étrangères : aussi combien peu de personnes savent lire d'une manière correcte, faute d'un système d'accentuation complet ! Notre signolégie a pour objet et pour résultat de remédier à ce mal.

Contre leurs coups épouvantables
Résisté sans courber le dos;
Mais attendons la fin. » Comme il disait ces mots,
Du bout de l'horizon accourt avec furie
Le plus terrible des enfants
Que le nord eût portés jusque-là dans ses flancs.
L'arbre tient bon; le roseau plie.
Le vent redouble ses efforts,
Et fait si bien qu'il déracine
Celui de qui la tête au ciel était voisine,
Et dont les pieds touchaient à l'empire des morts.

L'HIRONDELLE ET LES PETITS OISEAUX

Une hirondelle[a] en ses voyages
Avait beaucoup appris. Quiconque a beaucoup vu
Peut avoir beaucoup retenu.
Celle-ci prévoyait jusqu'aux moindres orages,
Et, devant qu'ils fussent éclos,

(a) Voir page 48, note a 1°.

Les annonçait aux matelots.
Il arriva qu'au temps que la (a) chanvre se sème,
Elle vit un manant(e) en couvrir maints sillons.
Ceci ne me plaît pas, dit-elle aux oisillons ;
Je vous plains ; car, pour moi, dans ce péril [extrême,
Je saurai m'éloigner ou vivre en quelque coin.
Voyez-vous cette main qui par les airs chemine?
Un jour viendra, qui n'est pas loin,
Que ce qu'elle répand sera votre ruine.
De là naîtront engins (i) à vous envelopper,
Et lacets pour vous attraper ;
Enfin mainte et mainte machine
Qui causera dans la saison
Votre mort ou votre prison.
Gare la cage ou le chaudron!
C'est pourquoi, leur dit l'hirondelle,

(a) Le genre de ce substantif a été longtemps incertain; quelques provinces le font encore du féminin, mais on a plus généralement adopté le genre masculin.

(e) Manant n'est ici que synonyme de paysan, et n'a point le sens de mépris qu'on y attache ordinairement.

(i) *Engins* = *piéges.*

Mangez ce grain, et croyez-moi.
Les oiseaux se moquèrent d'elle :
Ils trouvaient aux champs, trop de quoi.
Quand la chènevière fut verte,
L'hirondelle leur dit : arrachez brin à brin
Ce qu'a produit ce maudit grain,
Ou soyez sûrs de votre perte.
Prophète de malheur! babillarde! dit-on,
Le bel emploi que tu nous donnes!
Il nous faudrait mille personnes
Pour éplucher tout ce canton.
La chanvre étant tout-à-fait crue, (a)
L'hirondelle ajouta : ceci ne va pas bien ;
Mauvaise graine est tôt venue.
Mais puisque jusqu'ici l'on ne m'a crue en rien,
Dès que vous verrez que la terre
Sera couverte et qu'à leurs blés
Les gens n'étant plus(e) occupés

(a) Nous ne marquerons plus désormais la quantité des voyelles *ée*, *ie*, *eue*, *oue*, *ue*, toujours rendue longue par cet *e* final ; il en sera de même d'un certain nombre d'autres lettres dont le son a été maintes fois indiqué dans les pages précédentes.

(e) u, *long*, quand il s'agit du temps; *bref*, quand il s'agit de la quantité: Il ne vient *plus* nous voir depuis qu'il est *plus* riche que nous.

Feront aux oisillons la guerre ;
Quand reginglettes[a] et roseaux
Attrapperont petits oiseaux,
Ne volez plus de place en place,
Demeurez au logis, ou changez de climat :
Imitez le canard, la grue et la bécasse.
Mais vous n'êtes pas en état
De passer, comme nous, les déserts et les ondes,
Ni d'aller chercher d'autres mondes :
C'est pourquoi vous n'avez qu'un parti qui soit sûr :
C'est de vous renfermer au trou de quelque mur.
Les oisillons, las de l'entendre,
Se mirent à jaser aussi confusément
Que faisaient les Troyens quand la pauvre Cassandre
Ouvrait la bouche seulement.
Il en prit aux uns comme aux autres :
Maint oisillon se vit esclave retenu.
Nous n'écoutons d'instincts que ceux qui sont les nôtres,
Et ne croyons le mal que quand il est venu.

(a) Reginglettes, = piéges pour les petits oiseaux.

LE LOUP ET L'AGNEAU

La raison du plus fort est toujours la meilleure (a) :

Nous l'allons montrer tout à l'heure.

Un agneau se désaltérait

Dans le courant d'une onde pure.

Un loup survient à jeun, qui cherchait aventure,

Et que la faim en ces lieux attirait.

Qui te rend si hardi de troubler mon breuvage?

Dit cet animal plein de rage :

Tu seras châtié de ta témérité.

— Sire, répond l'agneau, que votre Majesté

Ne se mette pas en colère ;

Mais plutôt qu'elle considère

Que je me vas désaltérant

Dans le courant, (e)

(a) Qu'on ne s'y trompe pas ! La Fontaine n'a pas voulu dire, par ce vers, que le fort, le puissant a toujours raison, est toujours dans son droit, dans la voie de la justice : non, il a voulu montrer que le fort, même lorsque ses prétentions sont injustes, l'emporte sur le faible, par sa force et sa violence.

(e) Remarquez la différence de quantité de la syllabe finale *rant* dans les mots *désaltérant*, *courant* : *brève* dans le *premier*, parce que bien que terminant le vers il doit être lié à son complément qui constitue le vers suivant ; *longue* au contraire dans le *second* à cause de la virgule, qui indique une pause.

Plus de vingt pas au-dessous d'elle;
Et que par conséquent, en aucune façon,
Je ne puis troubler sa boisson.
— Tu la troubles ! reprit cette bête cruelle;
Et je sais que de moi tu médis [a] l'an passé.
— Comment l'aurais-je fait si [e] je n'étais pas né?
Reprit l'agneau; je tète encor ma mère.
— Si ce n'est toi, c'est donc ton frère.
— Je n'en ai point. — C'est donc quelqu'un des
[tiens;
Car vous ne m'épargnez guère,
Vous, vos bergers et vos chiens.
On me l'a dit : il faut que je me venge.
Là-dessus au fond des forêts
Le loup l'emporte, et puis le mange,
Sans autre forme de procès.

(a) Voir page 48, note a 2°.
(e) Equivaut ici à *puisque*.

LE LION ET LE RAT.

Il faut, autant qu'on peut, obliger tout le monde:
On a souvent besoin d'un plus petit que soi.
De cette vérité deux fables feront foi,
Tant la chose en preuves abonde.
Entre les pattes d'un lion,
Un rat sortit de terre assez à l'étourdie.
Le roi des animaux, en cette occasion,
Montra ce qu'il était, et lui donna la vie.
Ce bienfait ne fut pas perdu.
Quelqu'un aurait-il jamais cru
Qu'un lion d'un rat eût affaire?
Cependant il avint [a] qu'au sortir des forêts
Ce lion fut pris dans des rets,
Dont ses rugissements ne le purent défaire.
Sire rat accourut, et fit tant par ses dents
Qu'une maille rongée emporta tout l'ouvrage.

Patience et longueur de temps
Font plus que force ni [e] que rage.

(a) Il avint = il arriva.

(e) La construction grammaticale régulière exige la conjonction *et*, au lieu de *ni*.

LA COLOMBE ET LA FOURMI.

L'autre exemple est tiré d'animaux plus petits.
Le long d'un clair ruisseau buvait une colombe,
Quand sur l'eau se penchant une fourmis[a] y tombe;
Et dans cet océan l'on eût vu la fourmis
S'efforcer, mais en vain, de regagner la rive.
La colombe aussitôt usa de charité :
Un brin d'herbe dans l'eau par elle étant jeté,
Ce fut un promontoire où la fourmis [a] arrive.
Elle se sauve. Et là dessus
Passe un certain croquant [e] qui marchait les [pieds nus.]
Ce croquant, par hasard, avait une arbalète.
Dès qu'il voit l'oiseau de Vénus,
Il le croit en son pot, et déjà lui fait fête.
Tandis qu'à le tuer le villageois s'apprête,
La fourmis le pique au talon.
Le vilain retourne la tête :
La colombe l'entend, part, et tire de long.
Le souper du croquant avec elle s'envole :
Point de pigeon pour une obole.

(a) Dans tout le cours de cette fable, le substantif *fourmi*, même au singulier, est écrit avec une *s*, d'après une vieille orthographe.

(e) *Croquant*. — Nom donné à certains paysans révoltés en Guyenne, sous Henri IV et Louis XIII, parce qu'ils étaient armés de *crocs*.

LE LABOUREUR ET SES ENFANTS.[a]

Travaillez, prenez de la peine :
C'est le fonds qui manqne le moins.
Un riche laboureur, sentant sa mort prochaine,
Fit venir ses enfants, leur parla sans témoins.
Gardez-vous, leur dit-il, de vendre l'héritage
Que nous ont légué nos parents :
Un trésor est caché dedans.
Je ne sais pas l'endroit ; mais un peu de courage
Vous le trouverez ; vous en viendrez à bout.
Remuez votre champ dès qu'on oura fait l'août :[e]
Creusez, fouillez, bêchez ; ne laissez nulle place
Où la main ne passe et repasse.
Le père mort, les fils vous retournent le champ,
Deçà, delà, partout, si bien qu'au bout de l'an
Il en rapporta davantage.
D'argent, point de caché ; mais le père fut sage
De leur montrer avant sa mort,
Que *le travail est un trésor.*

(a) Nous ne marquons aucun signe, dans ce morceau, ayant la pleine confiance que les élèves qui auront étudié avec soin, dirigés surtout par un bon maître, tous les exercices qui précèdent, pourront eux-mêmes annoter et expliquer les diverses règles générales et particulières de prononciation comprises dans ce morceau final de la partie française de notre Alphabet Signolégique.

(e) Voir la page 47, 5e vers.

PRONONCIATION LATINE.

Nous n'avons à nous occuper que des cas spécialement propres à la langue latine ; nous allons le faire dans l'ordre de notre *tableau Signolégique*, placé à la fin du livre.

1. — *Casier* 11. Comme en français, le signe zéro (o) indique un son *nul*, mais ce cas n'a lieu, en latin, que pour le lettre *h*, qui est toujours muette : Ex : *homo* = *omo* ; et pour la voyelle *u*, entre *q* et *o*, Ex : *quos* = *côce*.

2. — *Casiers* 25 et 26. Le signe (=) n'est pas usité en latin, attendu que les consonnes *ll*, *gn* ne sont jamais mouillées : *favilla*, se prononce *fa-vil-la ; agnus* se prononce ag-nus.

3. — *Casiers* 18 et 78. La consonne composée *ch* n'a jamais le son français *che*, mais celui de *k*, comme dans *chios*, *casier* 78, que l'on prononce *kios*.

4. — *Casiers* 33, 34, 35. La voyelle *e* n'est jamais *muette* ni *demi-muette*, mais a toujours, comme en français, 1° le son *fermé*, quand elle termine une syllabe : *recipe* ; 2° le son *ouvert*, quand elle est suivie d'une consonne finale. Ex : *videt*, pron. *vidette*.

5. — *Casier* 37. La voyelle *u*, précédée de *q*, conserve devant *e*, *æ*, le son qu'elle a en français. Ex : *que* = *kué* ; *quæ* = *kuée* — et prend le son de *ou* devant *a* : *quas* = *couâsse*.

F

6. — Ces cas s'appliquent également à l'*u* précédé de *g*. Ex. : *languor*, *languidus*, *linguas*.

7. — Cette même voyelle *u* a le son français de *o* avant les consonnes *m*, *n*. Ex. *malum* = *malomm* ; *nuncius* = *noncius*, *nonce*, mais si la voyelle nasale *un* est suivie d'un *c*, elle se prononce comme le mot français *un*. Ex. *nunc*, *hunc*.

8. — *Casiers* 52 et 54. La voyelle nasale *en* n'a jamais le son de *an*, mais celui de *in*. Ex. *menti*.

9. — Colonne 7. *Casiers* 71 et suivants. Les six premiers mots *entiers* de cette colonne horizontale résument les syllabes *nasales longues* de la prononciation latine ; on les prononce comme les mots français placés en regard à gauche. Dante, danse, etc. (a)

(a) Nous ferons, à cette occasion, une remarque importante, qui se rattache simultanément à la langue française et à la langue latine.

Une consonne finale *articulée* fait toujours entendre, bien que d'une manière presque imperceptible, le son de l'*e*. Ex. *avocat* (latin), équivalent à *avocate* (français). Il y a toutefois exception pour la consonne finale *r* qui donne un son, en quelque sorte, *mourant*; aussi les syllabes finales terminées par cette consonne, articulée, sont-elles *généralement longues*. Ex : *bar* (français), par (latin). Les consonnes finales *z*, *s* rendent également *longue* la voyelle précédente. Ex : *gaz*, *gaze*, *vase*, etc. C'est le contraire pour les autres consonnes : Ex : *Gad*, *rade* ; *Joram*, *lame*. — Ces quatre derniers exemples et les deux précédents *gaz*, *gaze* font voir que la règle de prononciation pour la *voyelle de forme simple* qui précède une *consonne finale sonnante* est la même, soit que cette consonne termine le mot, soit qu'elle ait après elle un *e* muet. Il va sans dire que si la voyelle est surmontée d'un *accent circonflexe*, elle est essentiellement longue : Ex : *pâle*, *pâte* ; *frêle*, *même* ; *pôle*, *rôle*, etc.

En appliquant particulièrement ce principe aux mots latins *dant*, *dans*

PROSODIE LATINE.

10.—Nous allons maintenant exposer les *principales* règles générales de la *quantité* latine, mais au point de vue de la prononciation dans la *lecture ordinaire*, et non de la *versification*.

11. — Une voyelle suivie d'une autre voyelle dans le même mot, est *brève*. Ex : *Dei, tuo, pium.*

12. — Une voyelle suivie d'une consonne finale *m* (a), *b, c, d, l, n, t*, est ordinairement *brève*. Ex : *rosam, diem, puerum, ad, vocai, mel, dicit*, etc.

13. Une voyelle suivie d'une consonne *double*, ou de *deux consonnes différentes*, dans le même mot, est *brève* (e) Ex : *dixit, attigit, respicit, objectum.*

14.— Quand la seconde consonne est une des liquides *l, r*, la voyelle précédente reste *longue*, si elle l'est de sa nature :

sint, mens, sunt, hunc, nous remarquerons qu'il y a sur ce point une parfaite analogie entre les deux langues française et latine. — En français, les voyelles nasales *an, in, on, un*, sont toujours longues quand elles sont suivies d'une consonne et d'un *e muet* ou *presque muet* ; pareillement, ces mêmes voyelles nasales sont toujours *longues*, en latin, quand elles sont suivies d'une consonne finale, qui, étant toujours *articulée, sonnante*, fait nécessairement entendre un *e presque muet*, quelque peu perceptible qu'en soit le son.

Mais nous observerons qu'en français la voyelle nasale *en*, ayant le son de *an*, reste *brève* devant une consonne même suivie d'un *e muet* : Ex : *tante*, long ; mais *tente*, bref ; même différence entre *abondante* et *prudente*, entre *vengeance* et *agence*, etc.

(a) Quicherat (12e édition de sa prosodie.)

(e) Voir la *phonétique* de M. Baudry, page 10, édition de 1868.

Ex : *mater, matris, matrem,* — l'*a* bref de *pater* est, à volonté, bref ou long, dans *patris, patrem,* etc.

Natum antè ora patris patremque obtruncat ad aras.

15. — La voyelle de forme composée, *œ*, à la fin d'un mot, est toujours *longue*. Ex : *animœ* = *animée ; rosœ* = *rosée.*

16. — 1° Les finales *as, es, os* sont ordinairement *longues*. Ex : *rosas, dies, dominos* — 2° Les finales *is, us* sont tantôt brèves, tantôt longues. Ex : *originis, dominis ; manus,* la *main* ; *manus* les *mains*.

17. — 1° Les voyelles *a, e, o, pénultièmes*, c-à-d, appartenant à *l'avant-dernière* syllabe d'un mot, sont ordinairement longues avant la syllabe finale *rum* et avant celles qui commencent par un *b*. Ex : *rosarum dierum ; sororum ; amabo, monebis, ibit, ambobus* — 2° Les voyelles *i, u* sont *brèves*, devant la syllabe finale *bus*. Ex : *manibus. artibus, artubus.*

---

18. — Après cet exposé sommaire des règles de la *quantité* latine, il nous semble à propos de le faire suivre d'une observation également sommaire sur l'*accent tonique*, c'est-à-dire sur la syllabe, brève ou longue, d'un *mot* ou d'un *membre de phrase*, qui doit être prononcée avec *plus de force*, avec une *plus grande intensité de son* que les autres.

En français, cette syllabe, dite *accentuée*, est la *dernière sonnante*, sans compter l'*e muet final*, du mot après lequel il doit être fait une pause. Ex: sé*rieux*, sub*til*, u*tile*. (a)

En latin, la syllabe accentuée est la *pénultième*, c'est-à-dire l'*avant-dernière* du mot, quand elle est longue, ou l'*antépénultième*, quand la pénultième est brève. — Ex. vir*tu*tem; *se*mitam.

Les syllabes non accentuées sont appelées *atones*, c'est-à-dire *sans ton*, ou, pour parler plus vrai, d'un ton *moins fort*, *moins intense*, et sont ordinairement prononcées plus brèves. — Exemple français: malheu*reuse*, malheu*reuse*ment; exemple latin: *spe*ret, speravit, speraverunt. — En conservant aux quatre syllabes de ce dernier mot leur quantité prosodique régulière, on aurait speraverunt = spéérâvéeronte, d'une prononciation sinon impossible, du moins fort choquante, excessivement fatigante pour l'oreille.

Nous allons maintenant produire le texte annoté comme exercice de prononciation latine. Nous avons pris de préférence des extraits du *Psautier de David*, dont le texte sert d'épreuve aux *examens pour le brevet de capacité de l'enseignement primaire*; nous y ajoutons le cantique biblique Magnificat.

(a) L'*e muet* de utile ne comptant pas pour la prononciation, la dernière *syllabe sonnante*, par conséquent l'*accentuée*, est évidemment *til*, exactement la même que celle de sub*til*.

N. B. Pour ne pas multiplier les signes, nous ne marquons que les syllabes *longues*, et seulement lorsque cela est nécessaire.

Psaume 109.

Dixit Dominus Domino meo : - Sede a dextris meis.

Donec ponam inimicos tuos - scabellum pedum tuorum.

Virgam virtutis tuæ emittet Dominus (a) ex Sion - dominare in medio inimicorum tuorum.

Tecum principium in die virtutis tuæ, in splendoribus sanctorum, - ex utero ante luciferum genui te.

Juravit Dominus, et non pœnitebit eum : - Tu es sacerdos in æternum secundum ordinem Melchisedech.

Dominus à dextris tuis : - confregit in die (e) iræ suæ reges.

(a) En français, l'*s* finale prend le son de *z* avant un mot commençant par une *voyelle* ou une *h* muette : plus avide, plus habile ; mais jamais en latin : Dominus ex...

(e) Prononcez la voyelle *e* séparément de l'*i*, comme si elle était surmontée d'nn *tréma*, comme l'*u* de *Saül*.

Judicabit in nationibus, implebit ruinas : - conquassabit capita in terrâ multorum.

De torrente in via bibet ; - propterea exaltabit caput.

Gloria Patri et Filio, - et Spiritui sancto ;

Sicut erat in principio, et nunc et semper, - et in secula seculorum. Amen.

Psaume 110.

Confitebor tibi, Domine, in toto corde meo, - in concilio justorum et congregatione.

Magna opera Domini, - exquisita in omnes voluntates ejus.

Confessio et magnificentia opus ejus, - et justitia ejus manet in seculum seculi.

Memoriam fecit mirabilium suorum misericors et miserator Dominus ; - escam dedit timentibus se.

Memor erit in seculum testamenti sui : - virtutem operum suorum annuntiabit populo suo.

Ut det illis hæreditatem gentium : - opera manuum ejus veritas et judicium.

Fidelia omnia mandata ejus, confirmata in seculum seculi ; - facta in veritate et æquitate.

Redemptionem misit populo suo , - mandavit in æternum testamentum suum.

Sanctum et terribile nomen ejus : - initium sapientiæ timor Domini.

Intellectus bonus, omnibus facientibus eum : - laudatio ejus manet in seculum seculi.

Gloria Patri , etc.

Psaume 111.

Beatus vir qui timet Dominum : - in mandatis ejus volet nimis.

Potens in terrâ erit semen ejus ; - generatio rectorum benedicetur.

Gloria et divitiæ in domo ejus , - et justitia ejus manet in seculum seculi.

Exortum est in tenebris lumen rectis : - misericors, et miserator et justus.

Jucundus homo qui miseretur et commodat, disponet sermones suos in judicio, - quia in æternum non commovebitur.

In memoria æterna erit justus ; - ab auditione mala non timebit.

Paratum cor ejus sperare in Domino, confirmatum est cor ejus : - non commovebitur donec despiciat inimicos suos.

Dispersit, dedit pauperibus, justitia ejus manet in seculum seculi : - cornu ejus exaltabitur in gloria.

Peccator videbit, et irascetur, dentibus suis fremet et tabescet : - desiderium peccatorum peribit.

Gloria Patri, etc.

Psaume 112.

Laudate, pueri, Dominum ; - laudate nomen Domini.

Sit nomen Domini benedictum, - ex hoc, nunc et usque in seculum.

A solis ortu usque ad occasum, - laudabile nomen Domini.

Excelsus super omnes gentes Dominus, - et super cœlos gloria ejus.

Quis sicut Dominus Deus noster, qui in altis habitat, - et humilia respicit in cœlo et in terra.

Suscitans a terra inopem, - et de stercore erigens pauperem.

Ut collocet eum cum principibus, - cum principibus populi sui.

Qui habitare facit sterilem in domo, - matrem filiorum lætantem.

Gloria Patri, etc.

Psaume 113.

In exitu Israel de Ægypto, - domus Jacob de populo barbaro.

Facta est Judæa sanctificatio ejus, Israel potestas ejus.

Mare vidit et fugit; - Jordanis conversus est retrorsum.

Montes exultaverunt ut arietes, - et colles sicut agni ovium ?

Quid est tibi, mare, quod fugisti, - et tu, Jordanis, quia conversus es retrorsum ?

Montes, exultastis sicut arietes, - et, colles, sicut agni ovium ?

A facie Domini mota est terra, - a facie Dei Jacob.

Qui convertit petram in stagna aquarum, - et rupem in fontes aquarum.

Non nobis, Domine, non nobis, - sed nomini tuo da gloriam,

Super misericordia tua et veritate tua, - nequando dicant gentes : Ubi est Deus eorum ?

Deus autem noster in cœlo : - omnia quæcumque voluit, fecit.

Simulacra gentium argentum et aurum, - opera manuum hominum.

Os habent, et non loquentur, - oculos habent, et non videbunt.

Aures habent, et non audient, - nares habent, et non odorabunt.

Manus habent, et non palpabunt; pedes habent, et non ambulabunt : - non clamabunt in gutture suo.

Similes illis fiant qui faciunt ea, -et omnes qui confidunt in eis.

Domus Israel speravit in Domino : -adjutor eorum et protector eorum est.

Domus Aaron speravit in Domino : -adjutor eorum et protector eorum est.

Qui timent Dominum, speraverunt in Domino : adjutor eorum et protector eorum est.

Dominus memor fuit nostrî, -et benedixit nobis.

Benedixit domui Israel, -benedixit domui Aaron.

Benedixit omnibus qui timent Dominum, -pusillis cum majoribus.

Adjiciat Dominus super vos, -super vos et super filios vestros.

Benedicti vos à Domino, -qui fecit cœlum et terram.

Cœlum cœli Domino : -terram autem dedit filiis hominum.

Non mortui laudabunt te, Domine : neque omnes qui descendunt in infernum.

Sed nos qui vivimus, benedicimus Domino, - ex hoc, nunc et usque in seculum.

Gloria Patri, etc.

Psaume 116.

Laudate Dominum, omnes gentes; laudate eum, omnes populi.

Quoniam confirmata est super nos misericordia ejus, - et veritas Domini manet in æternum.

Gloria Patri, etc.

Psaume 147.

Lauda, Jerusalem, Dominum : - lauda Deum tuum, Sion.

Quoniam confortavit seras portarum tuarum : - benedixit filiis tuis in te.

Qui posuit fines tuos pacem : - et adipe frumenti satiat te.

Qui emittit eloquium suum terræ : - velociter currit sermo ejus.

Qui dat nivem sicut lanam, - nebulam sicut cinerem spargit.

Mittit crystallum suam sicut buccellas : - ante faciem frigoris ejus quis sustinebit?

Emittet verbum suum et liquefaciet ea ; - flabit spiritus ejus, et fluent aquœ.

Qui annuntiat verbum suum Jacob, - justitias et judicia sua Israel.

Non fecit taliter omni nationi ; - et judicia sua non manifestavit eis.

Gloria Patri, etc.

CANTIQUE

Magnificat - anima mea Dominum.

Et exultavit spiritus meus - in Deo salutari meo.

Quia respexit humilitatem ancillæ suæ : ecce enim ex hoc beatam me dicent omnes generationes.

Quia fecit mihi magna qui potens est, - et sanctum nomen ejus.

Et misericordia ejus a progenie in progenies - timentibus eum.

Fecit potentiam in brachio suo : - dispersit superbos mente cordis sui.

Deposuit potentes de sede, - et exaltavit humiles.

Esurientes implevit bonis, - et divites dimisit inanes.

Suscepit Israel puerum suum, - recordatus misericordiæ suæ.

Sicut locutus est ad patres nostros, - Abraham, et semini ejus in secula.

Gloria Patri et Filio, - et Spiritui sancto ;

Sicut erat in principio, et nunc et semper, - et in secula seculorum. Amen.

ERRATA

Pages;	*Lignes*	Au lieu de :	Lisez :
47	2e	subsister	subsister.
Id.	12e	chantais	chantais.
Id.	15e	final	finale.
52	13e	ceci	ceci.
55	12e	chiens	chiens.
Id.	14e	là-dessus au.	là-dessus au.
58	3e	manqne	manque.
Id.	10e	vous le trouverez	vous le fera trouver.
Id.	11e	oura	aura.

Observations sur le tableau signolégique.

La division de ce tableau en *casiers numérotés* facilite le moyen de renvoi pour l'explication des signes.

Exemples d'application de la Signolégie spécialement pour des cas d'insuffisance du système d'accentuation actuelle.

Casier 11, Caen = Kan ; — 15, héroïne = éroïne ; — 16, héros (é aspiré).

21, neu*f* = neu*v* ; — ro*s*e = ro*z*e ; — 22, na*t*ion = cion ; — gran*d* homme = gran*t* homme ; — 25, fi*ll*e (son mouillé) ; vill*e* = vil ; — 26, mont*agn*ard, st*agn*ation.

17, ar*ch*evêque ; — 18, ar*ch*iépiscopal = ar*k*iépiscopal

31, f*e*mme = f*a*me ; — 32, b*e* = b*i* (anglais).

33, fi*er* ou fi*er* = fié ; — 44, fi*er* = fi*ère*.

35, f*ai*sant = f*e*sant = f*eu* ; — 35, 45, heur*eu*x.

52, m*en*tir = m*an*tir ; — 54, M*en*tor = M*in*tor.

57, la loi ; — 67, les lois ; — 58, le soin ; — 68, les soins.

62, les quoti*ens* = quoci*ans* ; — 72, tu ti*ens* = ti*ns*.

71, Dante, danse, sainte, mince, fonte, *eunque*, *cœce*, *kios*.

(a) Le chêne un jour dit au roseau :

(e) Votre compassion, lui répondit l'arbuste, ... part d'un bon naturel.

TABLEAU Signolégique pour les deux langues Française et Latine.

Col.	1	2	3	4	5	6	7	8	Observations.
1 son	11 ○ nul	12 ∘ pr. nul	13 • dur, fort	14 · doux, faible	15 h ○ muette	16 h • aspirée	17 ch : che	18 ch • ke	Signes généraux pour consonnes et voyelles.
2	21 f s ve ze	22 t d ce te	23 x kse	24 x gze	25 ll mouillées	26 gn mouillées	27 j je	28 ph +(a) fe	Consonnes à son modifié.
3	31 A	32 I	33 É	34 È	35 e (e) (eu	36 O	37 U	38 ou	Voyelles brèves. — Signes imitatifs des lettres
4	41 â	42 î	43 ée	44 è	45 eue	46 ô	47 û	48 oue	Voyelles longues — Signes pointés.
5	51 an =	52 en	53 in =	54 en	55 on	56 un	57 oi	58 oin	Voyelles nasales et diphth. oi, oin
6	61 ant =	62 ens	63 int =	64 ens	65 ont	66 uns	67 oie	68 oins	Mêmes sons, prolongés par le point.
7 Latin	71 dant	72 dans	73 sint	74 mens	75 sunt	76 hunc	77 quos	78 chios	Mêmes sons à consonne finale sonnante

(a) La croix (+) indique aussi une pause.
(e) Ces deux signes (,) indiquent aussi une inflexion de voix.
Voir les exemples sur la page en regard.

Cahors, Imprimerie de J.-B. PIGNÈRES, rue du Château national.

www.ingramcontent.com/pod-product-compliance
Lightning Source LLC
LaVergne TN
LVHW050423160826
845677LV00002BA/512